중국의
산업유산
보존사례

중국학
총 서
**16**

中国工业遗产示例 – 技术史视野中的工业遗产　张柏春, 方一兵 主编

Copyright © 2020 by Shandong Science and Technology Press Co., Ltd.
Korean copyright © 2024 by Minsokwon Korea
Korean edition is published by arrangement with Shandong Science and Technology Press Co., Ltd.
ALL RIGHTS RESERVED
B&R Program

이 책의 한국어판 출판권은 산동과학기술출판사와의 독점 계약으로 한국 민속원에 있습니다. 저작권법에 의해 한국 내에서 보호를 받는 저작물이므로 민속원과 협의없이 무단전재와 무단복제를 금합니다.

기술사의 관점에서 본
산업유산

# 중국의 산업유산 보존 사례

장바이춘張柏春
팡이빙方一兵
지음

장건위張建偉
한정은韓正恩
옮김

민속원

# 차례

1. 동록산銅綠山 고대 동광銅鑛 ········· 12
   조우원리周文麗 | 팡이빙方一兵

2. 도강언都江堰 ········· 26
   스샤오레이史曉雷

3. 자공신해정自貢燊海井 ········· 40
   주시아朱霞 | 리샤오천李曉岑

4. 온주溫州 반광礬礦 ········· 50
   핑슈징馮書靜 | 치엔웨이潛偉

5. 만산萬山 홍광汞礦 ········· 68
   웨이단팡韋丹芳

6. 복주福州 선정船政 ········· 80
   리밍양李明洋

7. 개난開灤 탄광 ········· 96
   왕리신王立新

8. 한야평漢冶萍 공사 ········· 108
   팡이빙方一兵

9. 상녕常寧 수구산水口山 납·아연 광산 ········· 124
   조우원리周文麗 | 팡이빙方一兵

10. 계신啓新 시멘트공장 ········· 138
    황싱黃興

11. 남통南通 대생大生 방직공장 ········· 152
    수쉬엔蘇軒

12. 양수포楊樹浦 정수장 ········· 164
    싱하오邢妤

13. 석룡파石龍垻 발전소 ········· 176
    리샤오천李曉岑 | 리우더펑劉德鵬

14. 양수포楊樹浦 발전소 ········· 184
    장쉬에페이張雪飛

| 15. | 화조花鳥 등대 ············································· | 194 |
|---|---|---|
| | 양샤오밍楊小明 ｜ 쑨정쿤孫正坤 | |
| 16. | 영리永利 소다공장 ······································ | 204 |
| | 이엔미閆覓 ｜ 아오키노부오靑木信夫 ｜ 쉬쑤빈徐蘇斌 | |
| 17. | 중동中東 철도 ············································· | 216 |
| | 샤오롱邵龍 ｜ 지앙반江畔 | |
| 18. | 전월滇越 철도 ············································· | 230 |
| | 천베이양陳培陽 ｜ 팡이빙方一兵 | |
| 19. | 경장京張 철도 ············································· | 244 |
| | 두안하이롱段海龍 ｜ 천베이양陳培陽 | |
| 20. | 요녕遼寧 기차역 ·········································· | 256 |
| | 캉빈亢賓 | |
| 21. | 전당강錢塘江 대교 ······································ | 266 |
| | 캉빈亢賓 | |
| 22. | 수강首鋼 석경산石景山 공업단지 ··············· | 276 |
| | 핑수징馮書靜 ｜ 치엔웨이潛偉 | |
| 23. | 태원太原 화학공업공사 ····························· | 290 |
| | 왕페이치옹王佩瓊 | |
| 24. | 제일第一 트랙터제조창 ····························· | 298 |
| | 웨이라偉拉, 장바이춘張柏春 | |
| 25. | 무한武漢 장강長江 대교 ····························· | 316 |
| | 바이루白璐 ｜ 웨단팡韋丹芳 | |
| 26. | 신안강新安江 수력발전소 ························· | 328 |
| | 장즈훼이張志會 | |
| 27. | 경덕진景德鎭 도자기공장 ························· | 338 |
| | 장마오린張茂林 | |
| 28. | 심양瀋陽 주조공장 ···································· | 350 |
| | 장바이춘張柏春 ｜ 천푸陳樸 | |

# 서문

　18세기 이후의 산업화는 인간의 생산방식, 환경 그리고 삶의 풍경에 큰 변화를 가져왔다. 1950년대 이후 산업유산이 산업화의 유산으로서 점차 주목받기 시작했다. 2003년에 국제산업유산보존위원회(ICIC)가 산업유산이 지닌 4가지 기본가치, 즉 역사적 가치, 기술적 가치, 사회적 가치 그리고 건축 내지는 미학적 가치의 중요성을 제시했다. 산업은 근현대의 기술이 구현된 기본 매개체이다. 기술사 연구는 산업유산의 가치를 이해하는 중요한 방법이며, 따라서 기술사적 관점의 산업유산에 대한 연구가 국내외적으로 학계의 주목을 받고 있다.

　최근 몇 년 전부터 중국 정부기관, 기업 및 학계가 산업유산의 연구와 보존에 노력을 기울이기 시작했지만, 산업유산의 가치에 대한 사람들의 인식에 여전히 한계와 인지편향이 존재한다. 이에 따라 중국과학원 자연과학사연구소가 『중국산업유산의 보존 사례』를 편찬했고, 또한 유엔 산하의 여러 기술사 학자들이 과학기술사의 학문적 토대 위에서 광업, 제련, 기계, 운송, 에너지, 섬유, 화공 분야의 대표적인 28개 산업유산을 선별하고 이에 관해 기술했다. 산업유산에는 고대의 유산은 물론이고 19세기 후반과 20세기에 건설된 광산기업, 철도와 기타 건설공사가 포함되었는데, 이들의 역사, 현재의 보존상태 그리고 기술사적 가치를 다양한 자료들과 함께 소개함으로써 산업유산의 연구, 보존 및 개발에 학술적 뒷받침이 되었다.

  2차 세계 대전이 끝난 후, 산업구조 재편에 나선 여러 나라들이 산업기술의 발전과 개선, 더 나아가 정보화를 향해 나아가면서 경제사회의 전환이 일어났다. 선진국들은 우선 대량의 노후한 공업시설과 장비의 처리문제를 해결했다. 1950년대에 영국은 산업유물의 보존과 연구를 매우 중요시했다. 60년대와 70년대에 유럽과 미국에서 산업유물의 조사와 보존을 위한 산업고고학이 설립되었다. 1978년에 국제산업유산보존위원회The International Committee for the Conservation of the Industrial Heritage가 설립되었고, 2003년에는 산업유산에 관한 〈니즈니타길헌장〉이 채택되었다. 이 헌장은 산업유산의 정의에 대해 역사, 기술, 사회, 건축 또는 과학적 가치가 있는 산업문화유적이라고 명시했는데, 여기에는 건축물, 기계설비, 공장, 광산 및 관련 작업장, 창고, 상점, 에너지의 생산 및 전송 그리고 사용 장소, 교통인프라, 산업적 생산활동과 관련된 장소들이 포함된다. 이러한 산업유산들은 산업, 기술 및 과학의 발전 수준과 산업사회의 발전 정도를 보여준다.

산업화의 역사에서 중국은 후발주자이지만, 세계의 산업사, 기술이전 그리고 혁신의 역사에 있어 중국만의 특징과 위상 그리고 보존해야 할 가치를 지닌 산업유산들을 보유하고 있다. 개혁개방 이후, 중국은 산업화, 재창업 그리고 혁신의 길을 걸어왔다. 이 과정에서 일부 지역들이 자원고갈로 인해 경제사회적 변혁을 모색해야만 했고, 이 때문에 산업유산의 보존이 현실적인 문제로 대두되었다. 2006년 4월, 국가문물국은 우시에서 제1차 중국문화유산보존포럼을 개최하고 '산업유산보존'을 포럼의 주제로 정했다. 2007년, 국무원은 산업유산, 문화경관 등에 중점을 두고 제3차 국가문화유산 조사작업에 착수했다. 공업정보화부는 2016년에 중국산업유산연맹을 발족하고, 2017년부터 산업유산선정사업 추진과 더불어 '국가산업유산목록'을 발표했다. 중국과학기술협회도 2018년부터 '중국산업유산보존목록'을 발표하기 시작했다. 산업구조의 전환에 직면한 몇몇 지역들은 산업유산 보존을 문화산업 발전과 새로운 산업경관의 성장축이자 사회적 전환점으로 삼고 적극적인 모색에 나섰다. 건축유산의 보존이 산업경관의 설계, 창의적인 문화산업 발전 등과 연계되며 사회적으로 긍정적인 성과를 얻었다.

중국에서 산업유산의 연구와 보존은 여전히 시작단계에 있다. 어떤 산업시설과 장비들이 보존할 만한 가치가 있는지, 산업유산의 보존, 산업구조의 전환 그리고 사회발전 간의 관계를 어떻게 설정할 것인지에 관한 시급한 논의가 필요하다. 사실 산업유산들은 저마다 역사적 가치, 과학기술적 가치, 건축으로서의 가치 그리고 사회적 의미를 지니고 있다. 따라서 산업유산의 보존은 여러 학문 분야와 산업 영역에 걸쳐 관련성을 맺고 있다. 학문 분야와 산업 영역에 따라 산업유산을 바라보는 시각과 가치의 지향점도 달라진다. 만약 우리가 그 가치를 보지 못하거나 소홀히 하면 많은 중요한 산업유산들이 훼손될 우려가 있다. 반면에 산업유산의 가치를 과대평가하거나 선정 범위가 지나치게 넓으면 굳이 보존할 가치가 크지 않은 유산을 보호하느라 힘이 분산될 수 있다. 학문 분야별로 전문성을 발휘하여 다학제적인 토론과 협력을 통해 유산의 보존작업을 함께 수행해야 하는 이유가 여기에 있다.

기술사를 연구하는 학자들이 산업유산에 대해 산업고고학적 접근법으로 연구를 진행함으로써 산업유산의 인식과 보존에 기여했다. 산업유산의 조사와 연구에 앞장섰던 유럽의 기술사 학자들이 유산의 보존, 기술적 경관 및 그에 대한 재설계 등 이론과 현실적 과제들을 제시했고, 이를 통해 기술사, 고고학, 박물학, 문화혁신 등 여러 분야들 간의 교류와 협력이 추진되었다. 중국의 기술사 학자들도 시의적절하게 산업유산에 주목하고 적극적으로 관련 분야의 학술적 논의를 진행했다. 2007년 8월에 개최된 제9회 전국 기술사 학술 연구회는 산업유산과 기술적 경관을 전문주제로 선정했다. 이듬 해 7월에는 하얼빈공업대학, 중국과학원 자연과학사연구소, 중국과학원 전통공예 및 문물 기술연구센터, 중국기술사학회 산하 기술사전문위원회가 중국에서 처음으로 '산업유산과 사회발전 세미나'를 공동 개최했다. 이 세미나에서 산업유산의 가치, 보존, 개발 및 활용, 구舊 공업지역 재활용 방안 등에 대한 논의가 이루어졌다. 7년의 준비기간을 거쳐 2015년 9월, 중국기술사학회 산하에 산업 고고학 및 산업유산 연구회가 공식 발족됨으로써 학문적 교류와 협력을 위한 새로운 장이 마련되었다.

기술사 학자들은 기술이 지닌 역사적 지위 그리고 이와 관련된 사회적 요인에 초점을 맞추고 기술사, 산업사, 과학사 및 문화사 등 다양한 측면에서 산업유산의 가치를 평가한다. 그들은 기술과 산업이 발전하는 과정에서 형성된 전형적인 유산, 특히 기록적 의미를 지닌 유산들을 우선적으로 보존할 가치가 있는 것으로 판단한다. 이러한 관점을 바탕으로, 본서本書는 기술사의 관점에서 현존하는 산업유산을 선별하여 그것들의 역사적 가치와 기술혁신 또는 전형성을 탐색했다. 예를 들면, 중국의 고대 산업유산을 대표하는 동록산銅綠山 동광銅鑛은 고대의 청동 제련기술과 수공업의 상징적 의미를 지닌 유적이다. 복주福州의 선정船政은 상해강남기계제조총국과 달리 다행히도 건설 초기의 일부 공장건물이 여전히 남아있다. 경장京張 철도는 철도기술을 습득한 근대 중국의 기술인력들이 철로를 설계하고 만들었던 역사를 상징한다. 전당강錢塘江 대교는 중국의 기술인력들이 설계하고 총괄한 철도·도로 겸용 대교이다. 낙양洛陽 트랙터공장은 중국 최초의 트랙터 생산공장으로, '156 프로젝트'의 대표적 사례이다. 심양瀋陽 주조공장은 동북지역의 옛 산업기지가 걸어온 발전과 전환의 발자취가 담긴 전형적인 산업유산이다.

산업유산의 보존은 중국에서는 새로운 개념으로, 현재 몇 가지 문제들을 안고 있다. 예를 들어, 건축유산의 복원과 기업이 생산한 제품들은 중요시하면서, 기계설비, 생산라인, 기술 등 유산을 경시하는 경향이 있다. 이는 마치 '속 빈 강정'과도 같은 상황이다. 일부 기업 박물관의 경우, 자사의 제품을 전시하면서 이 제품들을 만든 기술과 기계설비는 전시하지 않는 경우도 있다. 제조업 대국인 중국에서, 새로운 시대를 맞아 경제, 사회 및 문화의 발전 속도에 걸맞게 정부가 나서서 산업유산으로서의 가치가 높은 제품, 기계설비, 건축물 등 이동가능한 산업유산을 수집하고, 이를 전시할 국립산업박물관을 건립할 필요성이 제기된다.

이에 따라 본서는 산업유산 조사와 보존에 돌 하나를 얹는 노력이 되기를 기대하며 28가지 산업유산 사례에 대한 탐색을 시도했다. 이 책에 수록된 연구결과들이 여전히 미진하고 부족하다는 것을 알기에 학계의 동료들과 독자 여러분의 소중한 조언을 기대하며 겸허히 수용하고자 한다.

장바이춘張柏春

2019년 7월

# 1

## 동록산銅錄山
## 고대 동광銅鑛

## 1. 개요

동록산 고대 동광 유적은 호북성 대야시에서 남서쪽으로 3km 떨어진 동록산 광구에 위치해 있다. 동록산 광상鑛床은 12개의 광체(I-IV)로 이루어져 있으며, 길이가 남북으로 2,100m, 동서로 폭이 600m이고 면적은 약1.2km²에 이른다. 동록산 유적은 1973년에 발견되어 1974년부터 1985년까지 꾸준히 여러 차례 발굴작업이 이루어졌다. 그리고 2011년 이후에 고고학 발굴작업을 통해 채굴, 제련 및 분묘 등 많은 유적들이 새로이 발견되었다. 연대는 주로 상대商代 후기부터 서한西漢 시대에 걸쳐 있다. 동록산 유적은 중국에서 가장 규모가 크고 기술적으로도 가장 풍성한 의미를 지닌 고대의 구리 채굴 및 제련 유적지다.

동록산의 채굴방법은 노천 채굴과 지하 갱도 채굴 두 가지로 나뉘는데, 갱도 채굴법을 위주로 비교적 완전한 지하채굴 구조를 이루고 있다. 수직 갱도, 수평 갱도, 사갱, 맹수갱을 결합하는 방법으로 깊은 갱도 채굴을 진행했다. 이는 다음과 같은 기술적 특징을 지니고 있다.

채굴기술. 서주시대까지 동록산 고대 동광은 '노천 채굴 - 다수의 갱도 - 한 개의 맹수갱 - 수평갱도' 채굴 방식을 통해 여러 개의 수직 갱도를 팠다. 춘추시대에 와서는 수직 갱도, 사갱, 수평 갱도를 결합한 방법을 사용했다. 전국시대에서 서한시대에 이르러 상당한 채굴체계를 갖췄는데, 먼저 수직 갱도를 일정 깊이까지 파내려 간 다음 양쪽으로 중간 수평 갱도를 파고 중간 갱도의 중간이나 한쪽에 맹수갱을 파서 채굴장에 도달했다. I 호 광체鑛體 24번 채굴선의 고대 광산 갱도(그림 1-1)가 대표적이다.

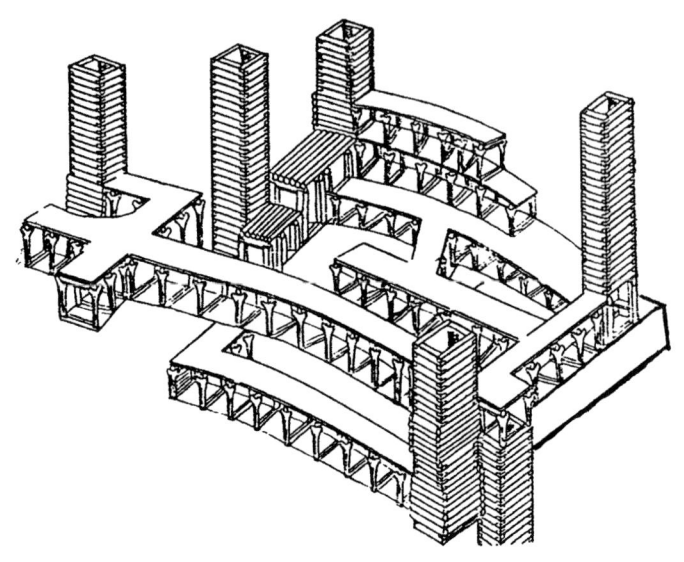

<그림 1-1> I호 광체 24번 채굴선의 전국시대 갱도 복원도

갱도지지기술. 동록산의 고대 동광은 전국시대 이전까지 수직 갱도와 수평 갱도 모두 나무를 맞물리는 구조의 지지기술을 사용했다. 전국시대에서 서한시대에 와서 수직 갱도는 주로 적층판 구조를 사용하고 수평 갱도는 오리 주둥이 모양의 구조로 된 목재 지지기술을 사용했다.

채굴기술. 동록산 고대 동광은 전국시대 이전에는 주로 구리 도끼, 구리 괭이, 구리 낫 등 청동도구를 사용하여 갱도를 팠다. 대부분 양손이나 한 손으로 쥘 수 있을 정도의 중소형 크기의 청동도구였다. 무게가 16.3kg에 달하는 커다란 구리 도끼도 등장했는데 높은 곳에 도끼를 매달아서 사용할 수 있었다. 전국시대에서 서한시대에 철로 만든 도끼, 망치, 송곳, 괭이 등 철기도구를 사용하면서 갱도의 단면이 넓어지고 깊이도 점차 깊어졌다.

## 1. 개요

  동록산 고대 동광 유적은 호북성 대야시에서 남서쪽으로 3km 떨어진 동록산 광구에 위치해 있다. 동록산 광상鑛床은 12개의 광체(I-IV)로 이루어져 있으며, 길이가 남북으로 2,100m, 동서로 폭이 600m이고 면적은 약1.2km²에 이른다. 동록산 유적은 1973년에 발견되어 1974년부터 1985년까지 꾸준히 여러 차례 발굴작업이 이루어졌다. 그리고 2011년 이후에 고고학 발굴작업을 통해 채굴, 제련 및 분묘 등 많은 유적들이 새로이 발견되었다. 연대는 주로 상대商代 후기부터 서한西漢 시대에 걸쳐 있다. 동록산 유적은 중국에서 가장 규모가 크고 기술적으로도 가장 풍성한 의미를 지닌 고대의 구리 채굴 및 제련 유적지다.

  동록산의 채굴방법은 노천 채굴과 지하 갱도 채굴 두 가지로 나뉘는데, 갱도 채굴법을 위주로 비교적 완전한 지하채굴 구조를 이루고 있다. 수직 갱도, 수평 갱도, 사갱, 맹수갱을 결합하는 방법으로 깊은 갱도 채굴을 진행했다. 이는 다음과 같은 기술적 특징을 지니고 있다.

  채굴기술. 서주시대까지 동록산 고대 동광은 '노천 채굴 - 다수의 갱도 - 한 개의 맹수갱 - 수평갱도' 채굴 방식을 통해 여러 개의 수직 갱도를 팠다. 춘추시대에 와서는 수직 갱도, 사갱, 수평 갱도를 결합한 방법을 사용했다. 전국시대에서 서한시대에 이르러 상당한 채굴체계를 갖췄는데, 먼저 수직 갱도를 일정 깊이까지 파내려 간 다음 양쪽으로 중간 수평 갱도를 파고 중간 갱도의 중간이나 한쪽에 맹수갱을 파서 채굴장에 도달했다. I 호 광체鑛體 24번 채굴선의 고대 광산 갱도(그림 1-1)가 대표적이다.

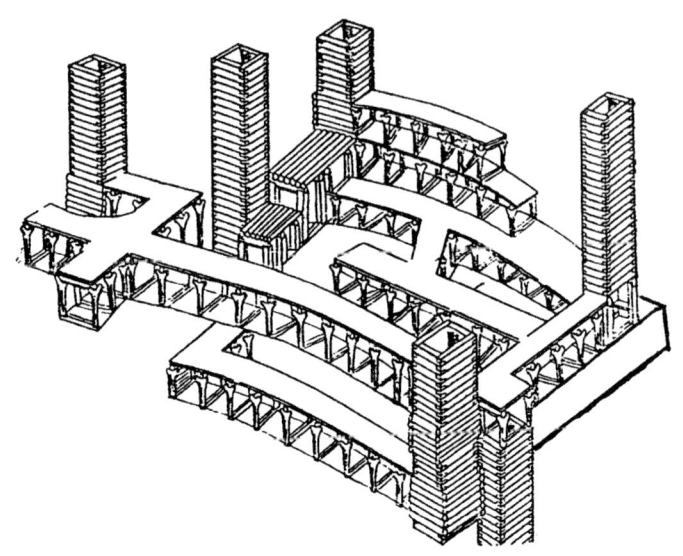

<그림 1-1> Ⅰ호 광체 24번 채굴선의 전국시대 갱도 복원도

갱도지지기술. 동록산의 고대 동광은 전국시대 이전까지 수직 갱도와 수평 갱도 모두 나무를 맞물리는 구조의 지지기술을 사용했다. 전국시대에서 서한시대에 와서 수직 갱도는 주로 적층판 구조를 사용하고 수평 갱도는 오리 주둥이 모양의 구조로 된 목재 지지기술을 사용했다.

채굴기술. 동록산 고대 동광은 전국시대 이전에는 주로 구리 도끼, 구리 괭이, 구리 낫 등 청동도구를 사용하여 갱도를 팠다. 대부분 양손이나 한 손으로 쥘 수 있을 정도의 중소형 크기의 청동도구였다. 무게가 16.3kg에 달하는 커다란 구리 도끼도 등장했는데 높은 곳에 도끼를 매달아서 사용할 수 있었다. 전국시대에서 서한시대에 철로 만든 도끼, 망치, 송곳, 괭이 등 철기도구를 사용하면서 갱도의 단면이 넓어지고 깊이도 점차 깊어졌다.

광정鑛井기술의 향상, 배수, 환기 및 조명 기술. 동록산 고대 동광은 전국시대 이전까지는 사람의 힘으로 끌어올리다가 전국시대에서 서한시대에 와서 바퀴를 사용하여 끌어 올렸다. 나무물통으로 물을 우물에 모았다가 다시 물통과 승강 도구를 사용하여 배출했다. 갱구 기압의 고저 차이를 이용한 자연통풍을 했으며 대나무 막대를 사용하여 불을 밝혔다.

동록산 동광이 발달된 인공송풍 및 구리 제련기술을 사용했다는 사실이 다음 세 가지 측면에서 드러난다.

동록산의 제련용 동로銅爐는 구조가 합리적이었다. XI호 광체鑛體 춘추시대 동로(그림 1-2)가 대표적인데, 동로 기저부, 물 항아리, 동로의 본체로 이뤄져 있다. 동로 기저부에 '十', 'T' 또는 '一'자 모양의 통풍구가 있어서 습기 방지와 보온 효과가 있었다. 대부분 타원형으로 된 동로 바닥의 양쪽 끝에 통풍구가 있고, 앞쪽에 있는 아치형 입구를 통해 구리 슬래그와 용액을 배출했다. 안으로 점차 좁아지는 형태를 한 본체의 벽은 동로의 온도와 재료의 반응을 유지하기에 유리했다. 동로를 만드는 재료에 있어서도 고대인들은 이미 고온 제련에 적합한 다양한 내화물질을 구별하여 사용할 줄 알았고 동로를 수리하는 법도 알고 있었다.

동록산은 비교적 높은 수준의 제련기술을 갖고 있었다. 동록산 고대 동광의 제련기술은 주로 '산화동광' 기술을 사용했는데 산화구리광석에 숯을 연료로 용제를 주입하여 환원과 제련을 했다. 동로 양쪽에 나있는 송풍구는 재료의 연속적인 공급과 제련, 잔류 액체와 구리물의 배출 기능을 담당했다. 동록산 동광은 늦어도 춘추시대에 이미 '황화

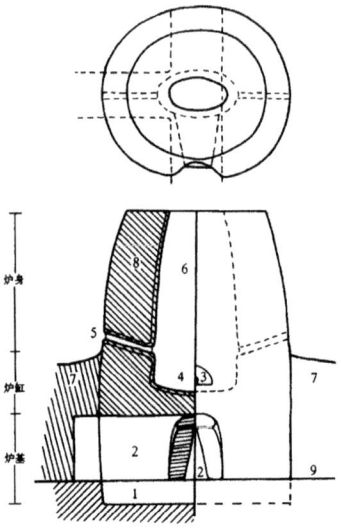

<그림 1-2> XI호 광체 제련 유적의 춘추시대 동로 단면 복원도
1 기저부, 2 송풍구, 3 금문, 4 배출구, 5 노의 내벽, 7 작업대, 8 노벽, 9 지면

광-황화동-동' 기술을 사용하여 황철광을 함유한 황화동광을 수차례 굽고 녹여 최종적으로 동을 환원해 낼 수 있었다.

　동록산의 구리 제련기술은 당시 고대세계에서 앞선 기술이었다. 동록산 유적의 여러 곳에 남아있는 노爐에서 채취한 재의 평균 구리 함량이 0.7%였다. 사방당四方塘 유적지의 노에 남아있는 재의 평균 구리 함량은 0.585%였다. 이는 국내외적으로 동시대 여러 유적지의 노에서 채취한 구리 함량보다도 낮다.

## 2. 현황

동록산 산업유산은 채광 유적, 구리 제련 유적 그리고 기타 관련 유적 세 부분으로 나뉜다. 1974년부터 1985년까지 동록산 고대 동광 유적 발굴 기간 동안에 총 4,923m²의 지역에서 발굴작업이 진행되어 채광유적 7곳과 제련유적 2곳이 발굴되었다. 이 과정에서 각 시기의 채광용 수직 갱도 231개, 평갱(사갱) 100개, 노 12개가 드러났으며, 다량의 채광도구와 제련도구가 출토되었다. 2011년부터 13곳의 제련 유적지에 대한 조사를 진행하여 암음산岩陰山 자락, 사방당 그리고 노가뇌 盧家堖 등 유적지를 발굴했다.[1]

이중에서 광산 유적지에는 주로 I호 광체, VII광체 유적지가 포함된다.

I호 광체 24호 선형 채굴유적(그림 1-3)은 1974년에 발굴되었으며, 그 연대가 전국시대에서 서한 초기이다. 발굴 면적이 약 120m²로 5개의 수직 갱도와 11개의 수평(경사) 광구가 발굴되었다. 이 곳은 지지, 채굴, 승강 기술 및 도구 등에 있어 동록산 채광 유적지들 중에서 가장 앞서 있었고 갱도의 깊이도 가장 깊은 유적지이다.

---

1 黃石市博物館 : 銅綠山古礦冶遺址[M], 文物出版社, 1999년 ; 湖北省文物考古研究所、大冶市銅綠山古銅礦遺址保護管理委員會 : 湖北省大冶市銅綠山古銅礦冶遺址保護區調查簡報[J], 江漢考古, 2012년 제4호 ; 湖北省文物考古研究所、大冶市銅綠山古銅礦遺址保護管理委員會 : 大冶市銅綠山岩陰山物考古研究所、大冶市銅綠山古銅腳礦遺址發掘簡報[J], 江漢考古, 2013년 제4호 ; 湖北省文遺址保護管理委員會 : 大冶銅綠山四方塘春秋墓地第一次考古主要收穫[J], 江漢考古, 2015년 제5호 ; 陳麗新、陳樹祥 : 試論大冶四方塘墓地的性質[J], 江漢考古, 2015년 제5호 ; 湖北省文物考古研究所、湖北省博物館、大冶市銅綠山古銅礦遺址保護管理委員會編, 陳樹祥, 連紅主編 : 銅綠山考古印象志[M], 文物出版社, 2018년.

<사진 1-3> I호 광체 24호 선형 채광 유적

　　VII호 광체 1호 점형 채광유적(그림 1-4)은 춘추시대 채광 유적지인데 1979년부터 1980년까지 발굴되었다. 400m²의 발굴지 내에서 밀접하게 교차된 형태의 수직 광구와 수평 광구 수십 곳이 발굴되었다(그림 1-5). 이곳에서 고대인들은 여러 개의 수직 채굴구를 통해 수평 광구를 확장하고 수평 광구에서 광석을 효과적으로 채굴해냈다. 이는 동록산 동광의 채광기술이 춘추시대에 이미 상당히 성숙해 있었다는 것을 나타낸다. 1984년에 이곳에 동록산 고대 동광유적박물관이 건립되었다 (사진 1-6).

　　구리 제련 유적으로는 주로 XI호 광체 제련 유적, 가석태柯錫太 유

<사진 1-4> VII호 광체 1호 점형 채광 유적지

적 그리고 노가뇌盧家堖 유적이 포함된다.

　XI호 광체 제련 유적은 1975년부터 1983년까지 순차적으로 발굴되었으며, 10개의 춘추시대 제동로가 발견되었다. 구조와 크기가 거의 동일한 제동로 기저부와 항아리는 남아 있었지만 제동로 본체는 허물어진 상태였다. 그 중 제동로 4호와 6호의 보존상태가 가장 양호했다(사진 1~7). 6호 제동로 주변으로는 작업대, 진흙 웅덩이, 슬래그 폐기장 등 유적을 비롯해 침석砧石, 석구 등 광석 파쇄에 필요한 보조도구들이 보존되어 있다.

　동록산에서 북쪽으로 500m 떨어진 곳에 있는 가석태柯錫太 유적지

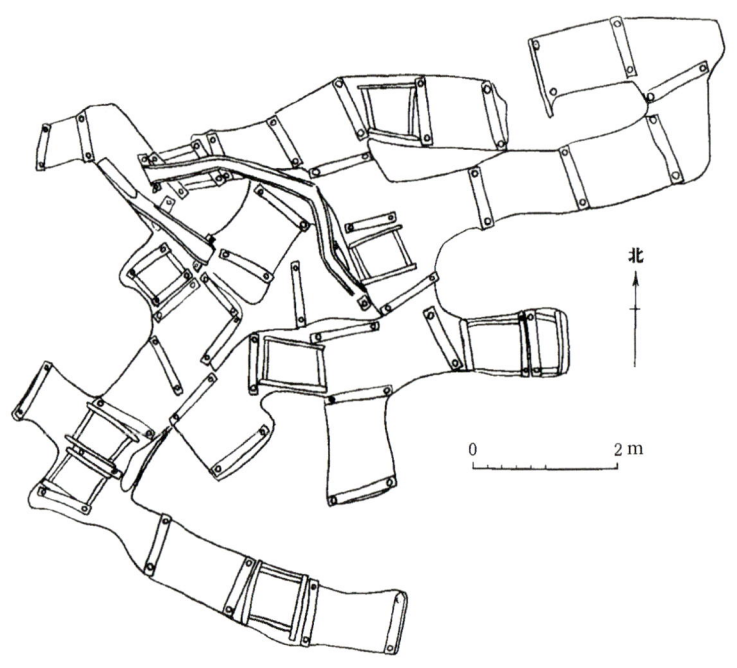

<그림 1-5> VII호 광체 1호 점형 채광 유적지의 갱도 평면도

<사진 1-6> 동록산 고대 동광 유적 박물관

<사진 1-7> XI호 광제 제련 유적지 6호 춘추 제동로

<사진 1-8> 가석태 유적지 2호 선형 전국 제동로

는 1976년에 발굴이 시작되어 전국시대 구리 제련로爐 2기가 발견되었다. 춘추시대 구리 제련로보다 크기가 큰 본체는 단면이 타원형이고 노는 직사각형 형태를 띠고 있다.

내화점토로 만들어진 1호 로는 노의 기저부에 'T'자형 공기구멍이 나있고, 내화점토와 흙벽돌로 만들어진 2호 로는 기저부에 공기구멍이 없다(사진 1-8).

노가뇌 유적지는 동록산 고대 동광유적 보호구역 서쪽에 있는 주린촌村에 위치해 있으며 2011년-2012년에 걸쳐 발굴이 진행되었다. 한대, 당대, 오대五代, 송대, 명청 시대의 유물이 남아 있다. 현재까지 동록산에서 볼 수 있는 가장 큰 규모의 제련 유적지이자 보존상태도 가장 양호하다. 이곳에서 서한시대의 구리 제련로 1기가 발견되었는데(사진 1-9), 타원형을 띤 노는 흙벽돌로 만들어졌으며 기저부에 '1'자 모양의 공기구멍이 있다.

기타 관련 유적지로는 주로 암음산 자락 유적지와 사방당 유적지 무덤군이 있다.

암음산 자락 유적지는 VII호 광체에서 북동쪽 경사면에 있으며 면적이 15,000m²이다. 2012년에 650m²에 대해 발굴이 진행되어 춘추시대부터 서한시대까지 광미 퇴적지, 광석 채집장, 35개의 광부 발자국(그림 1-10), 전국시대부터 서한까지의 수갱 등을 포함한 중요한 광산 및 제련 유물이 발굴되었다. 이 유적지들은 당시의 채광, 선별 및 제련 현장의 공간 구성, 생산 규모와 기술적 과정들을 보여주며, 특히 광부들의 맨발자국은 제련과 제련 분야의 고고학 연구에서 새로운 발견이었다.

<사진 1-9> 노가뇌 유적지 서한 제동로

　사방당 유적지 무덤군(사진 1-11)은 VII호 광체 1호 옆쪽에 있으며 2012년에 발견되었다. 2013년에 진행된 시범 발굴에서 춘추시대의 제련장과 송대의 노爐가 발견되었다. 2014년부터 2017년까지 꾸준히 탐사와 발굴이 진행되었으며, 발굴 면적이 총5,470m²였다. 암석(토) 구덩이에서 총 246개의 동주와 서주시대 직사각형 수직 묘혈이 발견되었는데, 그 중 91개의 묘혈에서 도자기, 청동, 옥, 광석, 돌 모루, 화로 파편 및 기타 부장품들이 출토되었다. 이 유적지는 중국에서 처음 발견된 채광 및 제련 관리자와 생산자들의 묘지로, 무덤과 부장품의 크기 차이를 통해 작업자들의 계급과 분업 상황을 알 수 있다. 사방당 유적지 무덤군의 고고학적 발견이 2015년에 '10대 새로운 고고학적 발견' 중 하나로 평가되었다.

## 3. 기술사적 가치

　동록산 고대 동광 유적지는 중국에서 최초로 발견된 제련 유적지이자 과학적 발굴이 진행된 대규모 동광 유적지이다. 또한 중국에서 지금까지 발견된 제련 유적지들 가운데 생산기간이 가장 길고 보존 상태도 가장 양호한 최대 규모의 동광 유적지이다. 채광에서 제련에 이르기까지 제련의 전 과정이 보존된 유물이 발견되었을 뿐만 아니라 사람의 맨발자국, 묘지 등 생산자와 관리자의 유물이 발견되어 고대 중국의 야금사 연구의 여러 공백을 메워주었다. 이는 고대 중국의 청동산업을 이해하는데 매우 중요한 의미를 지닌다.

　1982년에 동록산 Ⅶ호 광체 채굴 유적지가 국무원에 의해 제2차 국가중점문물보호단위로 지정되었으며, 1984년에 1호 점형 발굴지에 동록산 고대 동광 유적박물관이 건립되었다. 광물 생산과 유적지 보존 간의 모순을 해결하기 위한 논증과 조율을 거쳐 1991년에 국무원이 동록산 고대 동광 현장의 영구보존을 정식으로 승인했다. 동록산 고대 동광 유적지는 2001년에 '20세기 100대 중국 고고학적 발견' 중 하나에 선정되었으며, 2005년에는 국토자원부로부터 황석국립광산공원의 중요 구성요소로 지정되었다. 2009년에 대련시 동록산 고대동광 유적지 보호관리위원회가 발족되었고, 2012년에는 중국의 세계문화유산 신청 예비목록에 편입되었으며, 2013년에는 중국 '12차 5개년 계획' 150대 주요 유적지 목록에 올라 국가문물국이 인정한 고고학 유적공원으로 지정되었다. 2018년, 공업정보화부로부터 국가산업유산으로 선정되었다. 현재 동록산 고대 동광 유적지에 대한 고고학 연구와 보호

사업이 순차적으로 진행되고 있다.

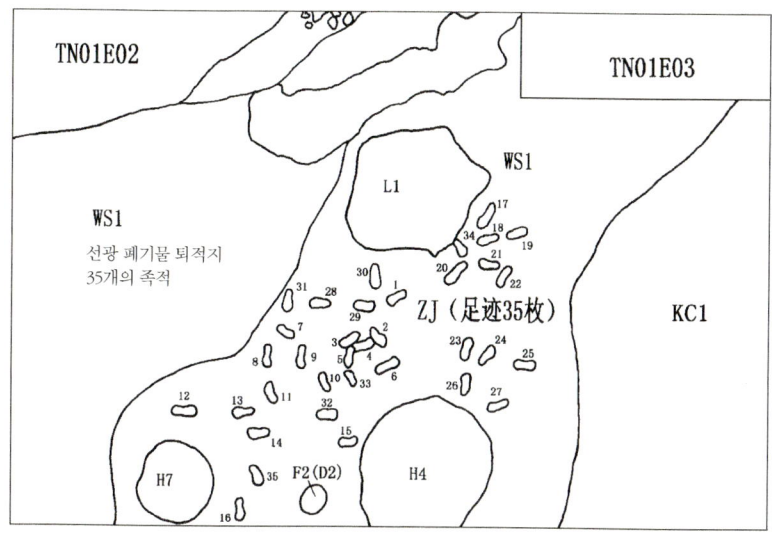

<그림 1-10> 암음산 자락에서 발견된 광부의 맨발자국 평면도

<그림 1-11> 시팡청西方城유적 고분지역

# 2

## 도강언 都江堰

## 1. 개요

도강언 수리공정은 사천성 도강언시의 북서쪽을 흐르는 민장강 본류에 위치하고 있으며 기원전 3세기 중반에 처음으로 시작되었다. 여러 왕조에 걸쳐서 보수와 중건을 거쳐 오늘날 관개 면적이 천만 묘畝에 달하는[1] 비옥한 청도평야를 이루었다. 이는 세계적으로도 드물게 제방을 만들지 않고 강줄기를 유도하여 수문을 이용해 유량을 제어하는 거대한 수리사업이다.

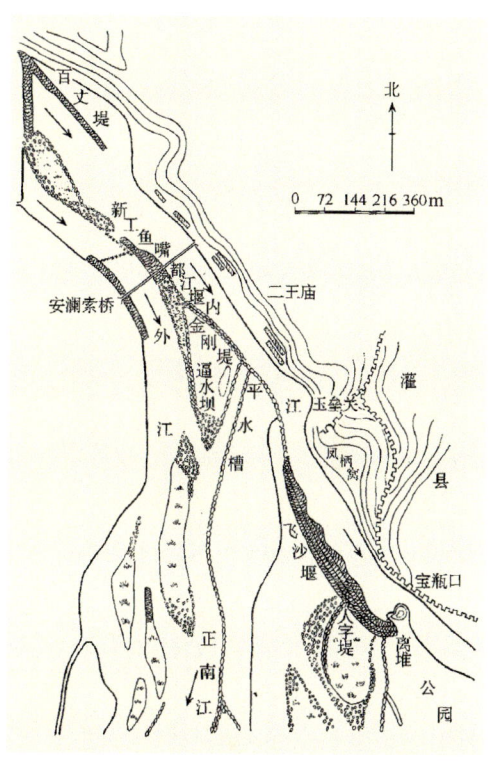

〈그림 2-1〉 20세기 초 도강언 수로 중심부의 설명도[2]

전국시대 진나라 촉군蜀郡의 태수 이빙李氷과 그의 아들이 백성들을 이끌고 '이퇴離堆'를 뚫어서 말수沫水(사천성 일대를 흐르는 대도하_역자주)의

---

1　馮光宏, 都江堰創建史[M], 成都, 巴蜀書社, 2014, pp.1-2.
2　譚徐明, 都江堰史[M], 北京, 科學出版社, 2004, p.93.

피해로부터 벗어나고, 두 강줄기가 청도成都의 중심부를 흐르도록 만들었는데', 1970년대에 외강 수문이 건설되면서 도강언의 모습이 크게 변모했다. 그림 2-1은 20세기 초 도강언 수로의 중심부를 보여주는데, 당시에 금강金剛제방에 측면 여수로(평형수조)가 있었다.

    도강언의 공사자재와 기술도 원시적 수준에서 현대적으로 변화의 과정을 거쳤다. 조성 당시에 자갈, 목재 삼각대, 못 등 축조기술과 자재를 사용했지만, 현대에는 철근콘크리트, 전동 수문, 모르타르 제방 등을 이용했다. 청나라 광서光緒 3년(1877)에 정보정丁寶楨이 어취魚嘴(물고기 주둥이 모양의 둑_역자주)를 이왕묘二王廟의 정문에서 적교吊橋의 위쪽을 향하도록 이동하고 돌을 쌓아서 더욱 단단하게 다지는 대대적인 도강언 보수공사를 시행했다. 1933년 8월 25일, 민강 상류 마오현縣 첩계疊溪에서 규모 7.5의 지진이 발생했다. 지진으로 인해 생긴 언색호의 제방이 터지면서 도강언의 금강제방, 평형수조, 비사언제방, 인자제방, 안란교가 휩쓸려 무너졌다(그림 2-2[3]). 1934년 수리지사 주욱여周郁如가 긴 돌과 양회洋灰를 사용해 기초를 만들고 축대를 쌓아서 도강언의 물길을 둘로 나누는 어취 공사를 시행했다(그림 2-3[4]).[5] 1935년 겨울, 사천성 정부는 제방관리처 처장 장위안張沅을 도강언 보수공사 책임자로 임명하고, 어취의 위치를 서쪽으로 20m 이상 떨어진 외강 교각 쪽으로 옮겼다. 기초를 깊이 파고 지표를 설치한 후 상단부에 자

---

3 梁思成, 『圖像中國建築史』 手繪圖[M], 北京, 讀書·生活·新知三聯書店, 2011, 散頁.
4 荀子平, 拜水都江堰[M], 成都, 四川美術出版社, 2006, p.24.
5 灌縣縣誌編委會, 灌縣都江堰水利志, 1983, pp.260-261. (내부 발행)

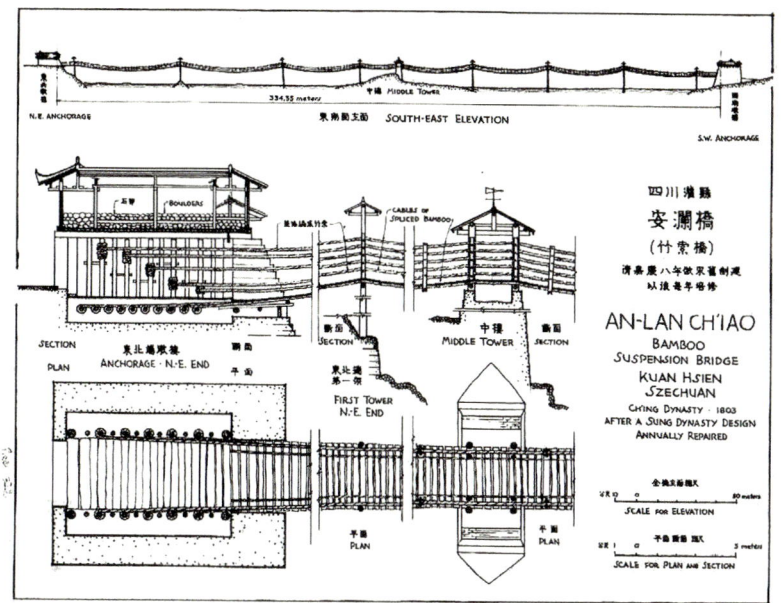

<그림 2-2> 양사성梁思成이 손으로 그린 안란교(1939)

갈콘크리트를 쌓아서 물의 흐름이 순조롭게 이어지도록 새로운 어취를 건설하는 등 내강과 외강에 대한 정비도 동시에 진행했다. 1936년 4월에 끝난 이 대대적인 정비사업으로 큰 성과를 거두었다.[6]

관개 면적의 지속적인 확장과 도시의 물 사용량이 계속 증가함에 따라, 강줄기를 자연스럽게 나누는 어취와 목재삼각대로 수량을 조절하는 방식으로는 더 이상 물 수요를 충족할 수가 없었다. 1973년 2월 사천성 수리국은 목재삼각대로 수량을 조절하는 방법 대신에 어취 서

---

6  徐慕菊, 四川省水利志, 第一卷, 1988, p.116.

<사진 2-3> 1934년의 도강언

쪽지점에 임시 통제수문을 세우기로 결정했다. 1974년 4월, 8개의 구멍을 내고 총너비 104m의 외강 통제수문(외강문)이 건설되었다. 높이 4m의 수문은 아래위로 열고 닫을 수 있는 평판 철강 구조로 이중 전동 수문권양기로 작동했다. 외강 수문이 완성된 후 도강언 관개지역의 강물 유입량이 연간 50~60억m³에서 60~80억m³로 증가하며 여러 면에서 효과를 거두었다.[7] 외강의 강물 유입량을 확보하기 위해 사천성은 1981년에 다시 사흑沙黑 수문을 건설했다.[8]

---

7   徐慕菊, 四川省水利志, 第一卷, 大事記.1988, p.223;陳椿庭, 七十五年水工科技憶述[M], 北京, 中國水利水電出版社, 2012, p.43;四川省地方誌編纂委員會, 都江堰志[M], 成都, 四川辭書出版社, 1993, p.187.
8   四川省水利電力廳, 四川水利40年[M], 成都, 四川科學技術出版社, 1989, p.32.

## 2. 현황

도강언 산업유산은 '유형'과 '무형' 두 부분으로 나눌 수 있는데, 전자는 실제적인 수리공정 체계이고, 후자는 장기적인 치수 과정에서 축적된 공학적 경험(경험 구결口訣:요점만 정리하여 만든 어구_역자주)이다.

실제적인 도강언 수리공정에는 주로 전통적인 '3대 구조물'과 외강수문이 포함된다. '3대 구조물'은 물줄기를 나누고 유입하는 기능을 담당하는 어취魚嘴, 물줄기와 모래 배출 기능을 하는 비사언飛沙堰 그리고 강물 유입구인 보병구寶瓶口가 있다.[9]

어취의 경우, 물줄기를 분리하는 제방이 외강 수문 위쪽 78m 지점인 민강江 중심부까지 뻗어있고 아래쪽으로는 비사언까지 이어지는데, 위쪽 부분이 물고기 주둥이 모양을 닮은 이 구조물은 길이가 710m, 너비는 약 30m이다. 어취의 끝과 비사언이 약 140m 지점에서 서로 맞닿아 있다. 양쪽의 강둑을 금강제金剛堤라고 한다. 도강언 치수삼자경治水三字經에 나오는 '분사육分四六, 평료한平潦旱'은 바로 어취가 내강과 외강의 물줄기 비율을 나누는 기능을 요약한 말이다. 파종기를 맞아 물이 필요한 봄철에는 민강 본류가 곧바로 내강으로 흘러들어와 내강과 외강의 강물이 약 6:4의 비율을 이루고, 여름 홍수철에는 수면이 넓은 외강이 약 60%를 차지하므로 비율을 조정할 수가 있었다. 건기에는 내강으로 흐르는 강물의 양을 늘리기 위해서 목재삼각대를 이어

---

9   譚徐明, 都江堰史[M], 北京, 科學出版社, 2004, p.51.

<그림 2-4> 태안루泰堰樓에서 바라본 안란소安瀾蘇 다리, 어취, 내강의 수문

만든 제방으로 물줄기가 외강으로 이어지게 했다.

비사언은 내강 본줄기의 측면 방수로로 일명 감수하減水河라고도 불리며, 홍수 때 물이 빠져나가 모래가 흩날린다는 의미에서 지어진 이름이다. 윗쪽으로 물줄기를 나누는 어취의 방죽 하단과 맞닿아 있고 아래로는 보병구와 200m 떨어져 있으며, 내강 좌측의 호두암虎頭岩과 마주하고 있다. 홍수철에 내강으로 흘러든 물줄기가 호두암에 막혀 비사언으로 밀려가서 강물을 방류하는 역할을 하며, 보병구의 유량을 초과하는 강물은 비사언에서 외강으로 흘러간다. 또한, 홍수 때에 내강으로 밀려온 퇴적물의 일부가 외강으로 방류될 수가 있다. 실제로 측정한 데이터에 따르면, 비사언의 유량이 내강의 수량 증가에 따라 증가하면서 모래 배출 효과도 유사하게 나타냈다(표 2-1).

(표 2-1) 비사언 여수로 방류 및 홍수 방류능력[10]

| 내강 유량(m³/s) | 보병구 유량(m³/s) | 비사언 유량(m³/s) | 비사언의 내강 유량 비중(%) |
|---|---|---|---|
| 550 | 420 | 130 | 23.6 |
| 1020 | 520 | 500 | 49.0 |
| 1800 | 640 | 1160 | 64.5 |
| 2300 | 520 | 1780 | 77.5 |
| 2460 | 680 | 1780 | 72.5 |
| 2800 | 700 | 2100 | 75.0 |

보병구는 옥루산이 내강 능선으로 뻗으며 생긴 구멍으로 왼편으로 옥루산 절벽이 있고 오른편으로는 이퇴離堆가 있다. 보병구는 너비 17m-23m, 높이 18.8m, 길이 36m의 구멍이다. 도강언 관개지역으로 유입되는 수량을 조절하는 입구로서 비사언, 인자제방과 함께 아무리 큰 홍수가 나도 유량이 초당 700m³를 넘지 않도록 자연적으로 유량을 조절하는 수문 역할을 한다. 도강언은 처음에는 수위를 재는 척도로 석인石人을 사용했으며, 보병구 좌안의 암벽에 일정한 간격으로 새긴 송나라 시대의 수측水測이 남아 있다. 이후 시대별로 새긴 형태가 바뀌

---

10 譚徐明, 都江堰史[M], 北京, 科學出版社, 2004, p. 98.

<사진 2-5> 보병구에 있는 수측(수위를 측정하는 구조물)

었는데, 청나라 건륭 30년(1765년)에 중건된 수측이 오늘날까지 사용되고 있다(사진 2-5). 총 24개의 줄금으로 나뉘어져 있는데 수위가 13번째 금에 이르면 봄철 파종기의 용수량을 충족할 수 있고 16번째 금은 홍수 경계 수위이다.[11]

여러 시대를 거쳐 도강언을 운영하는 과정에서 사람들은 풍부한 실

---

11  周魁一, 中國科學技術史, 水利卷[M], 北京, 科學出版社, 2002, p.36.

제 경험들을 축적하게 되었
는데, 이를 쉽게 전달할 수
있도록 구결口訣로 만들었
다. 이렇게 경험에서 만들어
진 구결들도 도강언 산업유
산 문화의 중요한 구성부분
이다.

&lt;사진 2-6&gt; 도강언 치수 육자결
사진: 스샤오레이史曉雷

　예를 들어, 여섯 글자로 된 육자결 '심도탄深淘灘 저작언低作堰'(사진 2-6)이 있다. '심도탄深淘灘'이란 매년 봉서와鳳栖窩 아래쪽 내강의 흙을 일정 깊이까지 파내는 것을 말하며, 파내는 깊이는 와철臥鐵(봉서와에 묻혀있는 바닥 깊이를 보수하는 지표)을 기준으로 삼았다. '저작언低作堰'은 비사언을 너무 높이 쌓아서는 안 된다는 뜻으로, 그렇지 않으면 홍수 방류와 모래유출 효과에 영향을 미치기 때문이었다.

　청나라 동치同治 13년(1874)에 관현의 지현 호기胡圻가 역대의 치수 경험을 바탕으로 치수治水 삼자경三字經을 편찬했다.

　　　　육자전六字傳, 천추감千秋鑒.

　　　　알하심挖河心, 퇴제안堆堤岸.

　　　　분사육分四六, 평요한平潦旱.

　　　　수화부水畫符, 철장견鉄椿見.

　　　　농편밀籠編密, 석장건石裝健.

　　　　체어취砌魚嘴, 안양권安羊圈.

　　　　입배궐立湃闕, 유누관留漏罐.

준구제遵舊制, 복고언複古堰.

청나라 광서光緖 32년(1906)에 지성도부사 문환文煥이 이 삼자경을 개편했다.

심도탄深淘灘, 저작언低作堰.
육자지六字旨, 천추감千秋鑒.
알하사挖河沙, 퇴제안堆堤岸.
체어취砌魚嘴, 안양권安羊圈.
입배궐立湃闕, 유누관留漏罐.
농편밀籠編密, 석장건石裝健.
분사육分四六, 평요한平潦旱.
수화부水畫符, 철장견鉄椿見.
세근수歲勤修, 예방환預防患.
준구제遵舊制, 무천변毋擅變

여기서 '양권羊圈'이란 네 개의 기둥을 골격으로 하여 나무를 가로로 잇댄 후에 다시 나무들을 세로로 둘러친 뒤에 자갈을 그 속에 넣어서 마치 양우리처럼 만든 것을 말한다(그림 2-7[12]). 양권은 주로 급류가 세차게 이는 지점에서 강둑을 보호하고 제방의 기반 역할을 했는데, 양

---

12  譚徐明, 都江堰史[M], 北京, 科學出版社, 2004, p.156.

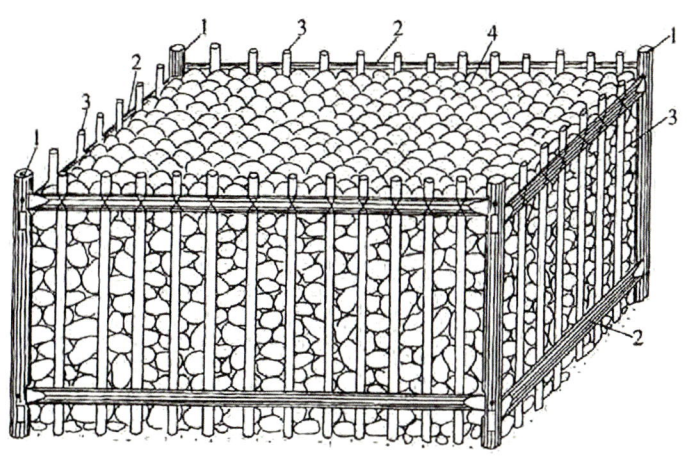

<그림 2-7> 양권 설명도
1 기둥, 2 가로목, 3 막대, 4 자갈

권을 잘 만들어야 어취가 안전할 수 있었다. '농롱籠'이란 도강언 제방에 설치했던 대나무를 엮어서 만든 죽롱을 말하는데 길이가 약 10m, 지름이 약 0.6m였다. 이전까지 백협죽을 엮어서 만들다가 근대에 와서 자죽으로 만들었다(그림 2-8[13]). 죽롱은 도강언에서 가장 자주 사용되던 하천 구조물 가운데 하나였으며, 제방을 단단히 고정하거나 월류형 제방을 쌓을 때나 제방의 기저부를 보호할 때 등 용도가 광범위했다.[14]

이외에 도강언의 치수를 위한 팔자격언인 승세이도乘勢利導, 인시제의因時制宜도 있었는데, 청나라 광서光緒 6년(1875) 수리동지에 부임한 호균胡均이 만든 것이었다.

1978년, 치수와 관개의 경험과 교훈을 바탕으로 도강언 관리에 대

---

13 荀子平·王國平, 都江堰 兩個世紀的影像記錄[M], 濟南, 山東畵報出版社, 2007, p.55.
14 灌縣縣誌編委會, 灌縣都江堰水利志, 1983, pp.34-35. (내부 발행)

<그림 2-8> 인부가 물살이 거센 강변에서 죽롱을 엮고 있다(1934)

한 새로운 삼자경이 탄생했다. 심도탄深淘灘, 고축안高築岸. 소여도疏與堵, 요전면要全面. 험공단險工段, 쌍방선雙防綫. 전유실前有失, 후부란後不亂. 제항실堤夯實, 파개완坡改緩. 기심알基深挖, 조전만漕塡滿. 석체뢰石砌牢, 각방탄腳放坦. 근양호勤養護, 상간관常看管.[15]

---

15   청두시 지방지 편찬위원회 편찬, 『成都市誌』,『科學技術志』上冊[M], 成都, 四川科學技術出版社, 1999, p.623.

## 3. 기술사적 가치

넓은 의미에서 산업유산에는 근대 이후의 산업유산 뿐만 아니라 고대의 공학적 기술이 이룩한 업적도 포함된다. 도강언은 후자의 대표적인 사례로서 크게 세 가지 측면에서 그 가치가 드러난다. 첫째는 오랜 역사를 가지고 있을 뿐 아니라 '천부지토天府之土(땅이 기름져서 온갖 산물이 많이 나는 땅_역자주)'로 불릴 만큼 오늘날까지 이용되고 있다. 둘째는 높은 기술 수준으로 '3대 구조물'이 어우러져 강물의 유입과 방류, 모래 배출 기능을 절묘하게 실현했다. 또한 소중한 치수의 경험을 정리한 구결口訣이 오늘날까지 전승되고 있다. 마지막으로 자재와 시공이 시대에 맞춰 발전되어 왔고, 현대기술이 고대의 수리공정과 결합되어 더욱 큰 효과를 거두었다.

2019년 7월 기준, <세계유산목록>에 등재된 중국의 유산이 모두 55점에 이른다. 37개 세계문화유산 중에서 산업유산으로서는 2000년에 '도강언 관개체계'라는 이름으로 등재된 도강언뿐으로[16], '수리시설' 항목으로 분류되었다. 이는 도강언의 산업유산적 가치에 대한 유네스코의 높은 평가를 의미한다.

---

16  당시에 도강언은 청성산과 공동으로 '청성산과 도강언 관개 시스템'이라는 이름으로 등재 신청을 했다.

# 3

## 자공신해정 自貢燊海井

## 1. 개요

신해정은 사천성省 자공市 대안구區의 장언당長堰塘 제방 옆쪽으로 해발 341.4m 지점에 위치해 있으며, 넓이는 2,000m²이다. 신해정은 청나라 도광道光 15년(1835)에 송대 이후에 발달한 충격식 굴착법으로 굴착한 염정이다. 우물의 굴착은 디딜방아, 우물 검측과 교정, 구멍 메우기, 인양, 기둥 보수 등 굴착기술을 이용하여 3년에 걸쳐 이루어졌다. 깊이가 1,001.42m에 달하는 신해정은 당시 세계 최초의 1,000m가 넘는 염정으로서 세계 굴착사의 기록을 세웠다.

신해정은 천연가스와 염수를 함께 채굴했던 생산성이 높은 염정이었는데, 1950년대에 채굴이 중단될 때까지 100여 년 동안 상당한 경제적 가치를 창출했다. 준공 초기에 소금과 가스를 모두 생산함으로써 자염煮鹽의 원료와 연료 문제를 완전히 해결했다. 당시 일일 천연가스 생산량이 8,500m³, 고염苦鹽 생산량은 14m³였으며, 소금을 끓이는 가마솥 80여 개가 있었다. 1875년 이후, 천연가스 생산량이 점차 감소하고 소금 가마솥이 20여 개 남짓으로 줄면서 일일 소금 생산량이 약 500kg이었다. 1944년, 신해정의 천연가스 생산량이 일일 3,200m³에 달하고 소금 가마솥도 30개로 늘어나기도 했지만, 현재는 하루에 1,500m³을 생산하고 있다. 신해정의 굴착으로 한때 각지의 소금 상인들이 줄을 이었고, 주변에 우물과 가마들이 들어서면서 한때 도르래와 가마가 숲을 이루며 번성했다.

신해정 가마는 역사적으로 몇 차례 이름이 바뀌었는데, 먼저 원창조元昌竈, 송화조榮華竈, 건원조乾元竈, 사의조四義竈로 바뀌었다가 훗날

과익기덕신조過益記德信竈, 신기동림조新記同森竈, 군기동림조君記同森竈, 익기동림조益記同森竈, 금화덕성조金和德星竈, 복기동익조福記同益竈, 건기 동림조建記同森竈 등으로 바뀌었다.

## 2. 현황

　　명나라 때 송응성宋應星이 쓴 〈천공개물天工開物〉과 청나라 때 정보 정丁寶楨이 쓴 〈사천염법지四川鹽法誌〉에 정염井鹽의 생산 공정과 도구에 관한 기록이 있다(그림 3-1). 신해정은 지금도 여전히 전통적인 함수법과 소금달임기술을 사용하고 있으며, 주요 건축물로는 디딜방아, 우물틀, 소가 돌리던 연자방아, 소금솥, 소금창고 그리고 천연가스 채굴과 운송 시설 등이 있다. 이들은 고대의 과학기술과 경제사를 연구하는 중요한 실물 자료이다.

　　디딜방아와 굴착봉. 6개의 둥근 나무기둥으로 만든 디딜방아를 염정 옆에 설치하고 염정을 팔 때 사용했다. 디딜방아의 위쪽에 쇠로 된 부분은 밧줄을 묶는데 쓰이고 아래쪽으로 우물과 마주보는 부분이 디딤판이다. 디딤판 한쪽 끝에 있는 방아머리가 쇠사슬과 밧줄을 통해 굴착 중인 염정과 연결되었다. 6-8명의 인부가 3명 혹은 4명씩 두 조로 나뉘었다. 이들이 동시에 디딤판을 밟아서 방아의 머리가 들리게 만들어 굴착봉을 위로 들어올렸다. 인부들이 동시에 디딤판을 밟으면 굴착봉이 자체 무게로 인해 빠르게 아래로 떨어지며 암석을 부서뜨렸다. 이렇게 끊임없이 반복되는 과정을 통해 점점 깊게 파들어 갔다. 이

&lt;그림 3-1&gt; 찬소구심정도鑽小口深井圖
출처: 『사천염법지四川鹽法誌』

&lt;그림 3-2&gt; 신해정의 우물집과 염정 틀

자공신해정自貢燊海井

과정에서 우물 아래쪽으로 계속 물을 흘려 보내어 부서진 암석을 질퍽해지게 만든 후 통으로 퍼올렸다.

신해정의 우물집. 신해정은 우물집으로 덮여 있다. 높이 6m, 길이 14m, 넓이 6m의 우물집은 10개의 기둥이 떠받치고 있는 움막 같은 목조구조물이다(사진 3-2). 신해정은 가운데 구멍이 난 원형의 석권石圈과 나무기둥으로 고정되어 있으며, 우물 입구(사진 3-3)가 18cm에 불과하고 우물의 지름은 약16cm이다. 나무기둥 아래로 깊이 64-125m 사이 지점의 우물 지름이 11.4cm이고, 그 아래로 우물 바닥과 이어지는데 이때 우물의 지름은 10.6cm이다. 우물에서 채집한 함수鹹水는 검은색으로 트라이아스기 지층(지표에서 약1,000m 거리)에서 생성된 것으로, 리터당 100-150g의 소금을 함유하고 있다. 유기물과 황화물을 함유하고 있어서 검은색을 띤다. 예전에는 염수를 추출할 때 대나무통을 사용했지만 지금은 직경 약8cm의 강관鋼管을 사용한다. 강관으로 한 번에 염수 약80kg을 퍼내는데, 염수에 약 14%의 소금이 포함되어 있어 11kg 이상의 소금을 얻을 수 있다.

신해정의 대차大車. 높이가 18.3m인데 신해정의 대차는 곤공梱工이라 불리는 인부들이 수백 개의 둥근 삼나무를 아래에서 위로 엮어서 만든 것인데, 함수를 끌어올리는데 사용했다. 4개의 발이 대차를 떠받치고 있으며, 발의 지름은 50cm이다. 상층부와 지상에 각각 도르래가 달려있고, 상층부의 도르래는 천곤天梱, 지층의 도르래는 지곤地梱이라 불렀다.

철로 만든 지곤은 지름 140cm, 두께 25cm의 도르래로 30개의 바퀴살로 이루어져 있다. 천곤은 12가닥의 죽피를 엮어 만든 밧줄에 의해 사면이 단단히 고정되어 있다.

신해정의 대차와 제염법. 신해정 우물의 우측은 너비 14m, 길이 수십 m 이상의 집인데, 집 안에는 함수를 길어 올리는 목조 대차 한 대가 설치되어 있다(사진 3-4). 대차는 지름이 약4.5m, 높이가 2.5m의 원통형이며, 안에는 중앙의 축을 중심으로 16개의 바퀴살들로 채워져 있다. 대차 둘레로 삐죽이 내밀고 있는 네 개의 둥근 통나무는 대차를 끄는 소를 묶어두는 용도로 사용되었다. 대차의 4분의 3지점을 둘러싸고 있는 매듭고리 모양의 대나무 껍질로 만든 밧줄은 대차의 제동장치로 이 밧줄을 당겨서 작동을 제어했다. 함수를 끌어올릴 때, 대나무 밧줄의 한쪽 끝을 대차에 고정하고 다른 쪽 끝은

〈사진 3-3〉 신해정의 우물입구

〈사진 3-4〉 대차

지곤과 천곤을 지나 우물의 대나무 통에 연결했다. 그리고 대나무통을 우물 안의 함수 층 속에 넣으면 대나무통에 달린 개폐기가 자동으로 열리며 함수가 통 속을 가득 채웠다. 네 마리의 소가 돌며 대차를 끌면

함수가 가득 담긴 대나무통이 위로 끌어올려졌다. 함수가 밖으로 끌어올려지면 작업자가 손으로 대차의 제동장치를 눌러 대차의 회전을 멈추었다. 이어서 쇠갈고리로 대나무통의 개폐기를 열어서 염수를 바닥에 있는 통에 쏟아 부었다. 초기에 인력으로 대차를 돌릴 때에는 대개 8-12명이 매달렸지만, 후에는 네 마리의 소가 대차를 돌렸다. 지금은 전동 대차를 사용하면서 대나무통 대신에 철제통을, 대나무 밧줄 대신에 철제 밧줄을 사용하고 있다.

우물집 옆 계단 위에 자리잡은 아궁이. 지붕 위로 바람이 들어오는 구조로 실내의 통풍이 잘 유지되었다. 우물 집 안에는 전통적인 아궁이 터가 온전히 보존되어 있다. 지금은 지름 160cm, 두께 25cm의 철제 가마솥 8개가 있다. 과거에는 주조한 무쇠 가마솥을 사용했지만 지금은 철제 가마솥을 사용하고 있다(사진 3-5). 소금을 만드는 주요 도구로는 철삽, 그을음 끌칼, 소금 끌칼 등이 있다.

소금을 만드는 주원료에는 황노黃鹵, 흑노黑鹵(황노와 흑노는 신해정에서 생산되는 함수인데 흑노의 소금 농도가 황노보다 높다_역자주) 그리고 염암鹽岩 세 가지이다. 과거에는 작업자가 함수를 길어다가 소금 가마솥에 부어 소금을 끓였다. 지금은 펌프로 산에 있는 큰 웅덩이까지 함수를 퍼올려서 관을 통해 가마로 운반한다. 연료는 화정火井이라고 불리는 신해정에서 채굴한 천연가스를 사용하며, 마디를 뚫은 대나무 줄기를 땅 속에 묻어서 가스를 운반했다. 신해정은 화염花鹽 생산법, 즉 천연가스로 함수를 끓이는 방법을 이용했다. 오늘날은 저압 불꽃을 이용하는 제염법을 사용하고 있는데, 이 과정은 함수 농축, 두장豆漿 주입, 포화염수 뿌려주기 그리고 씨소금 첨가 등 공정으로 나뉜다. 이곳

<사진 3-5> 가마솥에서 소금을 끓이는 모습
사진: 주시아朱霞

에서 생산된 원염原鹽은 염화나트륨 함량이 높고 수분과 불순물이 적으며 색이 희고 깨끗한 것이 특징이다. 연구조사를 진행하는 과정에서 이곳에서 매일 2,000kg이 넘는 소금이 생산되고 있다는 것을 알 수 있었다.

## 3. 기술사적 가치

중국은 전국시대 말부터 이미 우물을 파서 소금을 생산하기 시작했으며, 북송시대에 발명된 굴착기는 세계의 굴착 기술사 측면에서도 대표적인 업적이다. 신해정은 고대 중국의 굴착기술을 이어받은 청나라의 산업유산이자 전통적인 정염井鹽 생산의 '생생한 증거'로서 특별한 기술사적 가치와 산업사적 가치를 지니고 있다.

 1988년, 신해정은 국무원으로부터 국가중점문물보호단위로 지정되었다. 신해정의 전통 제염기술도 국가무형문화유산 보호목록에 등재되었다. 현재 권양기, 함수 채취 우물, 디딤틀, 물방앗간, 대차, 가마방, 아궁이, 소금 가마솥 그리고 소금창고 등 기술문물이 보호대상으로 지정되었으며, 일반에 공개되어 관람이 허용되고 있다.

# 4

## 온주溫州 반광礬礦

## 1. 개요

온주 반광은 저장성省 동남부 창난현縣 반산礬山에 위치해 있으며, 명반석은 주로 수미산, 계룡산, 대강산, 펑붕령 그리고 마비산 5개 광산지역에 분포해 있다. 이곳의 광상鑛床은 백악기 융캉지층에 자리하는데, 마그마기 이후 중저온의 열수熱水에 의해 모암母巖이 풍화되어 생긴 것이다[1]. 이곳의 명반 채굴은 명나라 이후부터 600여 년의 역사를 가지고 있는데, 운영 방식에 따라 3시기로 나눌 수 있다[2]. 1기는 명청 시대로 농가의 부업 형태가 주를 이루었다. 2기는 청말과 민국시기로 이때 진화공사, 동구실업, 홍기반광 등 명반 제련공장들이 등장했다. 소규모의 민간운영 위주였으나 민국시기 중후반부터 정부가 감독하고 민간이 운영하는 형태가 나타났다. 3기는 1950년 이후 명반 생산이 국유화되고 점차 전통적인 생산에서 현대화된 생산방식으로 전환된 시기이다. 1955년, 반산의 명반공장들이 절강성명반연합회사를 설립했다가 1956년에 반산명반전업과 합병되면서 채굴과 제련이 모두 국영으로 바뀌었다. 이때부터 중국의 명반 생산과 명반 원료의 생산기지가 되었다. 이 과정에서 명칭이 온주화공평양반광, 절강성평양반광 그리고 온주반광으로 바뀌었다[3].

온주 반광의 생산은 명반석 채굴과 명반 제련으로 나뉜다. 온주 지

---

1  張傳君, 世界磯都——700年礦山採煉活化石[M], 杭州, 浙江攝影出版社, 2016, pp. 20-21.
2  政協浙江省蒼南縣第七屆文史資料委員會 編, 磯礦專輯[M], 蒼南文史資料第十九輯, 2004.
3  서술의 편이를 위해 본고에서는 '온주 반광'으로 통칭한다.

역의 반광 채굴은 명나라 초기에 시작되었는데, 황토를 파내려 가다가 명반석의 무늬와 절리를 발견하면 망치로 쪼개내어 그 자리에서 아궁이를 짓고 정제했다. 채굴과 제련을 한 자리에서 하는 농가의 이동형 부업 생산방식이었다. 명청시대부터 민국시대 중기에 와서 채굴방식이 '화소지용법火燒地壟法'으로 바뀌었는데, 간단히 말해서 '불로 돌을 공략하는 방법'이었다. 채광공이 채굴할 광암의 절리에서 큼지막한 광석 덩어리를 깨뜨려낸 다음, 열에 강한 편평한 석판과 세 개의 '우공석牛公石'으로 '화룡조火龍竈'라 불리는 아궁이를 만들고[4] 땔감을 넣어가며 네다섯 시간을 가열하다가 광석에 차가운 물을 끼얹었다. 뜨겁게 달궈진 광암이 찬물로 인해 수축되면서 금이 가면, 금을 따라 망치로 두들겨 쪼개어서 채굴했다.

민국시기 중기부터 '착안鑿眼 폭파법'을 이용했는데, 먼저 손으로 구멍을 만든 후 폭약을 설치하여 폭파하는 방식이었다. 1956년 이후부터는 횡갱을 만들어서 공기압축기와 착암기를 사용하는 기계화 채굴을 진행했지만, 운송은 여전히 '어깨와 멜대'로 나르는 방식으로 이루어졌다. 1960년대부터 기계화된 전진식 채굴법이 채택되었는데, 불규칙적으로 동바리를 전진 가설해가는 지지방식이었다. 먼저 착암기로 구멍을 뚫은 후 질산암모늄 폭약으로 폭파하면 채광공들이 들어가서 망치로 광석을 깨뜨렸다. 갱도의 지름이 규정된 길이에 도달하면 마지막으로 명반석을 제련장으로 실어 날랐다[5]. 이러한 불규칙 동바리 가설

---

4    張傳君, 世界磯都──700年礦山採煉活化石[M], 杭州, 浙江攝影出版社, 2016, p.113.
5    溫州磯礦文史室檔案,「基本建設檔案8.01-048(1962-1966年) 基建設計任務書」和「三年規劃」에서 인용.

<그림 4-1> 1980년대의 온주 반광
자료제공: 샤오윈지蕭云集

방식이 21세기 초까지 이용되었으며, 갱도와 굴진 등 기술을 활용하여 기본적으로 채광, 운송 등 기계화된 채굴을 실현했다.

온주 반광의 명반 제련은 줄곧 중국의 전통적인 '수침법水浸法'을 사용했다. 초창기에는 물론이고 현대화 발전기간에도 중국 고유의 기술을 바탕으로 생산설비의 혁신이 이루어졌기 때문에, 유럽이나 일본 등 다른 나라의 명반 생산과 달리 기술의 독창성을 유지하며 고유의 기술적 전통이 담긴 산업유산을 형성할 수 있었다. 초기에 수침법을 활용한 명반 제련기술은 주로 소성燒成-용해-결정의 3단계 공정으로 이루어졌지만, 후에 차츰 소성-풍화-용해-결정 4단계 공정으로 바뀌었다. 다시 말해 소성 및 탈수를 거쳐 가용성 숙석熟石이 된 명반석을 수십 일간 풍화시킨 후에 따뜻한 용해액에 담구어 반복해서 씻어주면 적당한 온도와 농도의 명반 모액(황산칼륨과 황산알루미늄이 풍부한 용액)을 얻을 수 있었다. 이 모액을 결정지池로 옮겨 며칠이 지나면 결정화가 이루어지며 명반이 되었다.

초기에 소성 과정은 '파귀조爬龜竈'라고 불린 가마를 이용했고, 용해와 결정은 오지항아리나 나무통 같은 살림도구를 이용했다. 청나라 시대부터 1950년대까지 줄곧 '만두 모양'의 하향통풍 가마를 사용하여 소성시켰으며, 제련공정은 초기의 소성, 풍화, 용해, 결정 4단계에서 소성, 침출, 풍화, 용해 그리고 결정 5단계 공정으로 바뀌었다. 생산시설로는 소성로, 풍화지, 침출통, 세척지, 바닥이 뚫린 목통 결정조 등이 있었다. '만두 모양'의 하향통풍 가마는 2대 하소로煆燒爐로도 불리는데, 모양에 따라 종형 하소로, 보루형 하소로 그리고 항아리형 하소로로 나뉘었다. 국유화와 함께 설비 현대화가 추진되었는데, 1957년에 유연탄을 사용하여 명반석을 소성시키는 간헐로爐 시범사업이 성공을 거두면서 '만두 모양'의 하향통풍 가마가 사라졌다[6]. 1960년 5월, 평양명반공장이 간헐로를 기반으로 연속로 제작에 성공하면서 연간 7,000톤 이상의 땔감나무와 5,000톤 이상의 석탄을 절약할 수 있게 되었다. 그 후에 연속로가 대거 응용되면서 명반광산은 상당한 규모의 산업경관

---

6  政協浙江省蒼南縣第七屆文史資料委員會 編, 礬礦專輯[M]. 蒼南文史資料第十九輯, 2004, p.103.

(그림4-1)을 이루었고, 이전의 수침법 명반 제련기술도 개선되어 침출과 풍화가 하나의 공정으로 합쳐져 소성, 풍화, 용해, 결정화의 4단계 공정으로 개선되었다.

## 2. 현황

오늘날 온주 반광 유적지(그림 4-2)에는 근현대의 명반 채굴과 제련 관련 생산시설이 고스란히 남아있을 뿐 아니라 남송南宋과 반산攀山 등 지역에 고대의 채광 유적지가 여전히 남아있기 때문에 명반 채굴과 제련의 역사적 변천과정을 거의 완전하게 보여준다.

채광 유물은 통상적으로 채굴이 종료된 후에 남겨진 광갱과 관련 시설들이다. 온주 반광에는 수미산 광갱, 대강산 광갱 그리고 계룡산 광갱들이 현존하고 있으며, 그 중에서 계룡산 설화 채굴 유적, 대강산 계광 제련 유적 그리고 계룡산 남양 312평갱 등이 각각 청나라, 민국시기 그리고 현대의 명반 채굴 유적으로서 일부가 보존되었다.

계룡산 광구는 수백 년의 채굴 역사를 가지고 있다. 청나라, 민국시기 그리고 중화인민공화국 건국 이후 지금까지 온주 반광의 주요 채굴지이다. 이중에서 계룡산 설화 채굴 유적은 대략적으로 청나라 말기의 전형적인 굴진법에 따른 채굴장(사진 4-3)으로, 이곳에 현존하는 광갱의 폭이 1m, 높이는 1.8m이다. 광갱의 내부는 나무 지지대를 사용했으며, 공간이 협소하고(사진 4-4) 높이도 1.5m가 채 안 된다. 약20m까지 뻗어나간 적도 있었지만 붕괴되었기 때문에 구체적인 광갱의 깊이

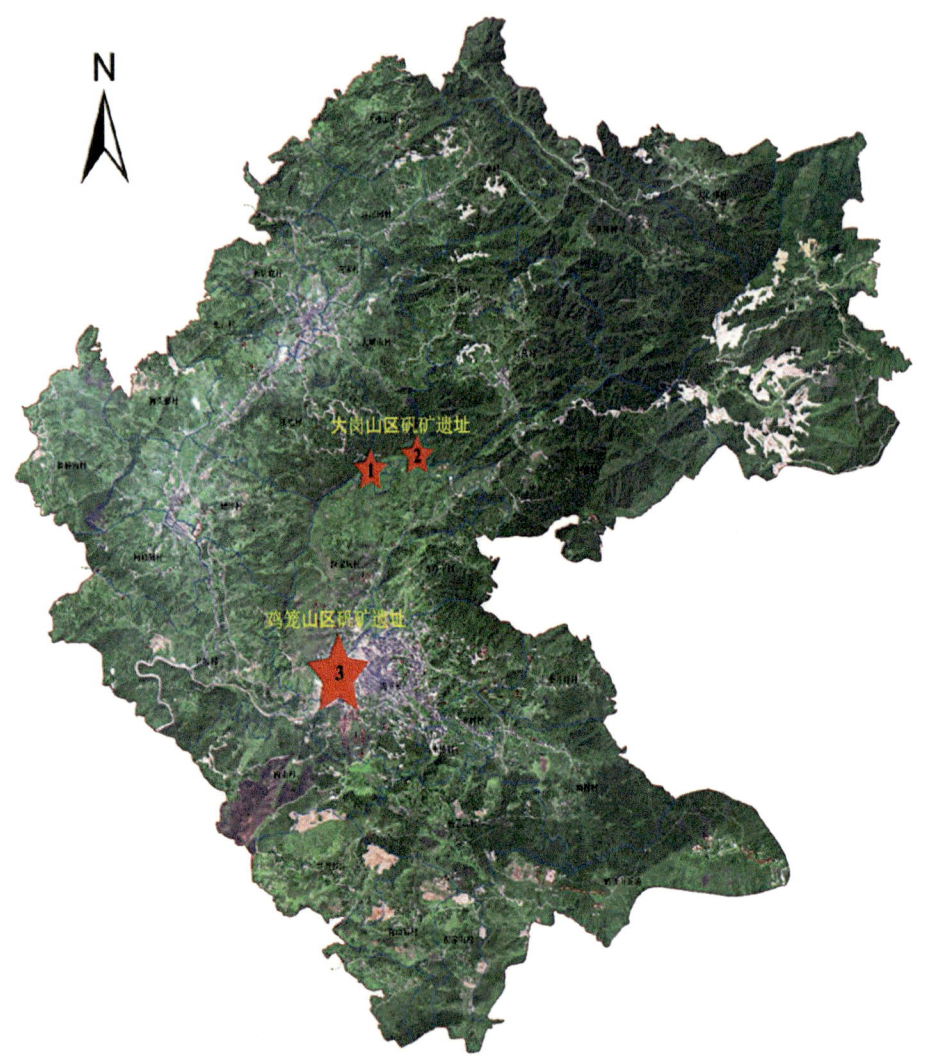

<그림 4-2> 저장성 온주 반광(일부) 유적지 분포도(반산진)
1 계광 유적-대강산 구역, 2 계각령 유적-대강산 구역, 3 설화 채굴 유적과 온주 반광 공장지대-계룡산 구역

는 알려져 있지 않다. 이런 종류의 광갱에서 채굴을 할 때는 바닥에 돌 맹이를 깔았고 한기가 엄습했기 때문에, 광부들은 이런 광갱을 '물담뱃 대', '쥐길'이라고 불렀다.

&lt;사진 4-3&gt; 설화 광갱 입구
사진: 펑슈징馮書靜

&lt;사진 4-4&gt; 설화 광갱 내부 3m 지점
사진: 펑슈징馮書靜

　　대강산 채굴 유적은 청대 중기 또는 그 이전에 기둥을 세우지 않는 개방형 광갱법으로 채광을 한 곳이다. 설화 광갱에 비해 이곳에는 한 곳 이상의 광갱이 남아있으며, 규모가 비교적 커서 일부 광갱의 내부 공간들은 후에 명반을 제련하는 용해지, 세척조, 결정지 등 시설들을 만들어 재활용되었다(사진 4-5, 4-6).

　　'지하 미로'와도 같은 광갱들 중에서 남양 312평갱은 남양에 있는데, 표고標高가 312m이기 때문에 312평갱으로 불리며 지금까지 비교적 완전한 형태로 보존된 채광 유적이다(사진 4-7, 4-8[7]). 이 평갱은 동서

---

[7]　높이 5m, 면적 300m$^2$의 동청 바닥에는 벽돌을 쌓아 만든 돌의자와 연단이 있고 벽에

&lt;사진 4-5&gt; 대강산 채광 유적지의 세척조(왼쪽)
&lt;사진 4-6&gt; 대강산 채광 유적지의 결정지(오른쪽)
사진: 광슈징馬書靜

방향으로 길이 1,100m, 상하 층고 600여m, 채광 면적 55만8,000m², 체적이 289m³이다. 상하층을 떠받치는 동바리 간격이 25m인데 동바리 자체 직경은 5-10m로 일정치 않다. 채광 구역의 상판(암석 아랫부분)에 1.2m 이상의 지붕 지지대를 두어 열주식 구조를 이루고 있다. 광갱 내부의 전력, 조명 그리고 운송 관련 시설들이 잘 보존되어 있어서(사진 4-9[8]와 4-10) 채광 기계화의 상황과 기술수준을 알 수 있다.

반산 채광 유적은 명반 채굴법이 전통적인 수작업에서 구멍을 뚫어

---

• '정치가 본질이자 영혼이다'라는 문화대혁명 시기의 표어들이 있으며 700여 명을 수용할 수가 있다. 1960년대에 광부들이 이곳에서 회의를 하고 영화도 보곤 했다.

8 이 권양기는 1970년대 초에 건설된 것으로 당시로서는 가장 발전된 채광 장비였기 때문에 270, 230, 190 광갱의 연장을 위한 기계설비로 사용했다. 1996년까지 사용되다가 후에 광갱 직선운송설비가 등장하면서 도태되어 현재는 유물로 남아있다.

<사진 4-7> 남양 312평갱 입구
사진: 펑슈징馬書靜

<사진 4-8> 천 명 가량을 수용할 수 있는 광갱 회의실
사진: 치엔웨이潛偉

<사진 4-9> 권양기 (270 굴착 권양기)
사진: 펑슈징馬書靜

<사진 4-10> 남양 312 평갱 내부의 종횡으로 교차하는 궤도
사진: 펑슈징馬書靜

장약裝藥하고 발파하는 방식으로, 다시 제어발파와 기계화된 채광법으로 변천해온 과정을 보여주기 때문에, 고대에서 오늘날까지 중국 채광 기술의 발전을 충분히 엿볼 수 있다.

오늘날 온주 반광의 명반 제련 유물은 주로 계각령, 대강산, 계룡산, 수미산 네 구역에 분포해 있다.

계각령 반광 제련 유적지에는 재료 하치장, 가마(사진 4-11), 결정지(사진 4-12), 풍화지(사진 4-13)가 남아있다. 가마의 일부가 유실되었는데, 전통적인 '만두 모양의' 하향 통풍 가마였다(사진 4-14). 하향 통풍 가마의 기저부는 사방으로 큰 돌과 벽돌을 쌓아 직육면체 형태로 되어있

〈사진 4-11〉
계각령 명반 제련
유적지의 하소로
사진: 펑슈징馮書靜

〈사진 4-12〉
계각령 명반 제련
유적지의 결정지
사진: 치엔웨이潘偉

〈사진 4-13〉
계각령 명반 제련
유적지의 풍화지
사진: 펑슈징馮書靜

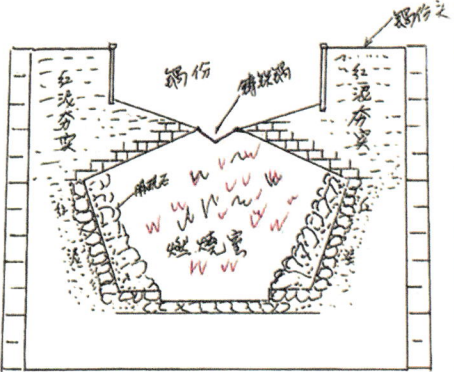

<그림 4-14> 주위딩朱瑪黑 선생이 그린 '민두 모양의' 하향 통풍 가마 설명도

<그림 4-15> 계광 명반 제련 유적지의 풍화지
사진: 펑슈징馮書靜

<그림 4-17> 계광 명반 제련 유적지의 결정지
사진: 펑슈징馮書靜

<그림 4-16> 용해 가마와 굴뚝
사진: 펑슈징馮書靜

고, 중앙에 반석礬石과 연료를 쌓아두는 연료실이 있다. 상층부는 하부의 연소열을 이용하여 반사礬砂를 용해하는 벽돌로 만든 솥이 있고, 연소실과 벽돌로 만든 솥 사이에 작은 철재 솥이 연결되어 있어서 열을 전달하는 역할을 했다. 1958년에 가마를 개조한 이후 이 종류의 가마는 더 이상 사용하지 않게 되면서 현재 온주 반광 유적에는 이러한 종류의 가마를 거의 찾아볼 수 없다. 또한 적토와 백회를 다져서 만든 결정지는 초창기의 결정지에 속한다. 풍화지의 아래쪽 벽 부분은 석재이고 상부는 벽돌을 쌓아 만들었다. 연구에 의하면, 계각령 명반 유적은 가장 최근인 1912년 청나라 말에 만들어진 것으로 추정되는데, 청나라 때에 만들어져 오늘날까지 남아 있는 유일한 명반 유적지이다.

대강산의 계광 명반 제련 유적지에는 명반을 채굴하던 동굴, 풍화지(사진 4-15), 용해 가마와 굴뚝(사진 4-16), 세척조(사진 4-5), 결절지(사진 4-17) 그리고 작업자 휴식공간 등 기본시설들이 보존되어 있다. 이 유적지에는 다양한 크기와 형태를 띤 총19곳의 결정지가 있는데, 대부분 깊이가 1.5m, 직경은 4m 가량이고 석판은 현지에서 구할 수 있는 자제로 되어 있다. 결정지의 바닥에 쌓여 있는 퇴적물을 통해 이곳의 결정 공정이 600년이 넘는 명반기술을 이용했다는 사실을 알 수 있으며, 가장 밑바닥에 명반 찌꺼기가 남아있다. 현지 관계자의 설명에 의하면 계광 명반 유적은 민국 시대 혹은 1950년대 무렵에 지어졌다.

계룡산 지역은 하소로, 풍화지, 세척조, 결정실, 결정지, 창고 등을 포함하여 명반 제련 공정 유적이 비교적 완전하게 남아있다. 비교적 규모가 큰 하소로(사진 4-18)가 제법 형태를 갖춘 산업 경관들 가운데 하나이다. 이들은 모두 1950년대와 1960년대에 개발되었는데, 재료

<사진 4-18> 하소로 시설들
사진: 펑슈징馮書靜

를 연속으로 혼입할 수 있는 이 하소로들을 통해 중국의 현대적인 명반 제련기술을 엿볼 수 다.

　숙석熟石으로 지어진 풍화지(사진 4-19)는 구소련 방식과 중국의 전통 목조건축 기술이 결합된 형태이다. 용해실에는 통돌이형 반사礬砂 세척시설과 관련 설비(그림 4-20)가 남아 있으며, 이것은 반기계화 작업장이었다. 통돌이 세척실은 금속이 아닌 목조구조인데, 전통적인 수공업의 특징을 지니고 있다. 명반 결정실은 지붕이 없는 움막이었던 곳이 철근콘크리트 구조로 바뀌었고, 결정지는 바닥이 없는 나무통을 이용하거나 적토를 다져 만들던 것에서 돌을 쌓아 만드는 구조로 바뀌었다. 인력으로 액체를 주입하거나 배출하던 방식이 발전하여 석조石槽,

<사진 4-19> 숙석으로 만든 풍화지 외관(왼쪽 위)과 내부(오른쪽 위)
<사진 4-20> 통돌이형 세척설비(왼쪽 아래)와 관련시설(오른쪽 아래)
사진: 펑슈징馮書靜

죽조竹槽, 손이나 발로 펌프질을 하는 방식으로 바뀌다가 지금은 모두 펌프를 사용하고 있다. 결정화 공정도 전통적인 액체결정에서 압력여과결정법으로 바뀌었다.

## 3. 기술사적 가치

세계적으로도 규모가 비교적 큰 명반석 채굴 광산인 온주 반광은

600년이 넘는 중국 명반 채굴 기술의 발전과정을 지켜보아왔다. 고대와 근현대의 유물이 공존하는 이곳은 청나라 시대부터 오늘날에 이르는 기술과 산업의 변천을 보여준다. 완벽하게 보존된 발전된 생산시설은 중국 고유의 기술 발전이 남긴 산물로서 국제적으로도 독특한 특성을 담고 있다. 이는 온주 반광 산업유산이 지닌 주요한 기술사적 가치들 가운데 하나이다.

온주 반광은 2017년에 산업정보화부로부터 국가산업유산에 선정되었고, 2019년 10월에는 제8차 국가문물보호단위로 지정되었다. 오늘날 지방정부 차원에서 온주반광박물관 건립이 적극적으로 추진되고 있으며, 유물과 산업유적지의 합리적인 보존을 위해서 명반 채굴과 제련 등 고대 유물의 생성 연대와 세부적인 기술 내용에 관한 학술연구가 진행되고 있다.

# 5

## 만산萬山 홍광汞礦

## 1. 개요

귀주성 동인시 완산구 토평촌에 자리해 있는 만산 홍광 유적지는 중국에서 가장 오래된 역사와 가장 큰 규모를 가진 수은광 유적지로 중국 수은광 개발의 역사를 한눈에 볼 수 있는 축소판이다.

만산은 중국에서 '수은의 도시'로 알려져 있다. 당나라 시대에는 '광명단사光明丹砂(안료로 사용되는 붉은 흙으로 독특한 천연의 빛이 난다하여 광명단사로 불렸다_역자주)'를 황실 공물로 바쳤다. 『명사明史』에 '태조 때 귀주 만산사에 수은주사장국(관청명_역자주)이 있었다'라는 기록이 있지만 홍광의 채굴 범위와 생산량에 대해서는 기록되어 있지 않다. 명나라 초기에 기존의 '폭화융爆火隆(돌을 뜨겁게 달군 후 물을 뿌려서 돌이 갈라지면 광물을 채취하던 방법_역자주)' 방식을 대신하여 망치채굴 방식이 만산 지역에 널리 보급되었다. 1899년에 영불 합작으로 설립된 수은회사가 서양의 기술을 만산에 도입했는데[1], 수백 명의 어린이와 천여 명의 노동자를 고용하여 소동小峒, 대타大坨, 대니초大泥峭, 흑암타黑岩坨, 장가만張家灣, 소조동䓘窖峒, 대동大峒 등 광갱을 채굴했다[2]. 1950년대 초에는 지하에 전기시설, 가스 발전기, 수직 고로 등 신기술을 도입했다. 1960년대에는 기계화된 수은 채굴방식으로 전환되었다. 부적절한 관리, 투자 실패 그리고 수은광 고갈로 인해 2001년 10월에 정책적 파산을 맞이했다.

만산 홍광의 생산 공정은 크게 탐광, 채광, 선광, 제련 4단계로 이

---

1  李傑, 解放前的萬山汞礦[J], 貴州文史叢刊, 1982(2).
2  貴州省萬山特區地方誌編纂委員會 編, 萬山特區志[M], 貴陽, 貴州人民出版社, 1993, p.133.

뤄졌다. 초기에 탐광探鑛은 사람의 경험에 전적으로 의존했는데, '광물이 보이면 깨는' 방식이었다. 암석의 구조, 색깔 그리고 무늬를 통해 주사朱砂(수은으로 이뤄진 붉은 색의 황화광물_역자주)의 존재 여부를 판단했다. 후에 탐광기술이 차츰 일반 조사, 광점鑛点(광석의 매장 지점_역자주) 평가, 광상 탐사로 발전했다.

채광은 폭화융, 망치 채광, 기계 채굴의 3단계를 거쳤다. 비교적 오랜 기간 동안 만산 지역의 채광은 주로 폭화융법으로 이뤄졌다. 후에 철제로 만든 장도리를 이용한 수은광 채굴이 보편화되면서 생산성이 높아졌다. 영불수은공사는 기계로 구멍을 뚫고 폭약을 장착해서 발파했는데, '시간당 50발을 발파할 수 있었다[3].' 중화인민공화국 수립 후, 암석 적재기, 전기 써레, 기관차, 광차鑛車, 유압착암기 등 기계장비를 도입하면서 생산성이 향상되었다.

선광選鑛은 수작업 선광과 기계 선광 두 단계로 나뉘었는데, 수작업 선광은 물로 세척하며 골라내는 방식과 선별대를 이용하는 두 가지 형태가 있었다. 세척 선광은 초보적인 분류를 거친 광석을 선별판에 담으면, 비중이 비교적 가벼운 모래와 자갈은 물과 함께 빠져 나가고 비중이 비교적 큰 주사광은 판에 남았다. 선별대를 이용한 선광(사진 5-1)은 선별대 위에 광물을 쏟아붓고 적절한 양의 물을 흘려보내면서 갈고리를 사용하여 계속 저어주면 광물이 저절로 분류되었다[4]. 기계식 선별은 소형 부유 선광, 중형 부유 선광 그리고 기계 선광으로 이루어졌

---

3　史繼忠, 萬山汞礦遺址[J], 當代貴州, 2008(3), p.55.
4　李映福, 周必素, 韋莉果, 貴州萬山汞礦遺址調査報告[J], 江漢考古, 2014(2), p.34.

<사진 5-1> 선별대를 이용한 선광
사진출처: 만산 홍광산업유적발물관

다. 그 중에서 1981년 8월에 세워진 기계선별장(일 선별량 300톤)은 '기계식 선별과 증류' 과정을 모두 처리했는데, 당시로서는 국내 최대 규모의 수은 생산공장이었다.

제련은 재래식 제련과 신형 제련 두 단계를 거쳤다. 재래식 수은 제련법은 주로 '아궁이법'과 '석탄가마법' 두 종류가 있었다. '아궁이법'은 말 그대로 아궁이를 이용한 방법으로 한번에 약 15kg의 광석을 제련할 수 있었다. '석탄가마법'은 증류법을 개량한 것이었는데, 수은을 모으는 관에 배기관을 추가 설치한 후 석탄을 연료로 사용하여 수은의 회수율과 조작의 안전성을 높였다[5]. 20세기 초에 만산 홍광은 고로, 비등로 그리고 증류기와 같은 새로운 장비와 공정을 도입함으로써

---

5　李映福, 周必素, 韋莉果, 貴州萬山汞礦遺址調查報告[J], 江漢考古, 2014(2), pp.35-36.

차츰 기존의 제련기술을 대체했다[6]. 영불수은공사는 영국의 내화벽돌을 사용하여 정방형의 '기계로'를 2기 설치했는데, 손으로 풍로를 돌려서 환원법을 이용해 수은을 제련하는 방식이었다. 영불수은공사가 철수한 후, 재래식 수은제련 기술이 다시 복원되었다. 20세기 중엽에 수은광은 몇 차례의 설비와 기술 발전을 이루었다. 1941년에 진흙 아궁이 개량에 성공한 후 1958년에 개량 아궁이 대신 고로를 사용했으며, 1967년에 2.5m²의 비등로를 완공했다. 1975년 말부터 일일 0.5톤의 정광精鑛을 처리할 수 있는 전열증류로를 이용하기 시작했으며, 그 후 일일 60.5톤을 처리하는 증류로 3기를 건설했다.

## 2. 현황

만산 홍광 산업유적은 채광 동굴, 건축물, 공장 그리고 일부 채광장비로 나눌 수 있다. 2009년에 만산홍광산업유적박물관(사진 4-2)이 개관했는데, 전시관, 진열관, 시연관이 갖춰져 있다. 표본, 수은광 장비, 문화 및 역사자료, 민족 고유의 특색을 지닌 유물과 기타 전시물을 통해 수은광 생산 공정 기술과 변천과정을 살펴볼 수 있다.

채광동굴 유적은 주로 선인동, 흑동자, 운남제동자 세 곳이 있으며, 지표면적이 총2.5㎢, 채굴 면적은 32,000m²에 달했다. 채광동굴 내

---

[6] 貴州省萬山特區地方誌編纂委員會 編, 萬山特區志[M], 貴陽, 貴州人民出版社, 1993, p.154.

<사진 5-2> 만산홍광산업유적박물관
사진: 웨이단팡韋丹芳

<사진 5-3> 흑동자黑峒子 유적지
사진: 웨이단팡韋丹芳

부에는 많은 유적과 유물, 채광, 선광, 제련 등 전통적인 생산공정이 남아 있다. 그 중에서 선인동에는 천 명을 수용할 수 있는 넓은 공간이 있고, 공간 내벽 갱도가 종횡으로 교차하며 흑동자 유적과 연결되어 있어 거대한 지하 연결망을 형성하고 있다. 동굴 벽에는 많은 표식들이 남아 있는데, 이는 옛 사람들이 광상과 굴진 방향을 표시하기 위해 사용한 기호들이다. 천장에 남아 있는 큰 흔적은 예전에 불로 광석을 뜨겁게 달구었던 흔적이다. 흑동자(사진 5-3)에는 현재 채굴면적 15,000m², 86개의 채광 동굴, 27개의 지하통로 그리고 5,000m²의 채굴장이 보존되어 있다. 동굴 안에는 시기별로 다른 채굴과 제련 유적이 보존되어 있는데, 그 중 소화융燒火窿 동굴 안에는 광주鑛柱, 고랑, 표지, 지하통로 등 유적이 남아있다. 운남 제동자는 세 개의 동굴로 이루어져 있으며, 600여 년의 역사를 지녔다. 주동굴 내에 24개의 갱도가 있고, 고랑, 광주, 표지, 통로 등 유적이 남아 있다. 상술한 세 개의

&lt;사진 5-4&gt; 제련로 작업장
사진: 양루친楊路勤

〈사진 5-5〉
귀주 홍광강당
사진: 웨이단팡韋丹芳

〈사진 5-6〉
소련 전문가동
사진: 웨이단팡韋丹芳

〈사진 5-7〉 삼각암 노동자 마을
사진: 양루친楊路勤

<사진 5-8> 제련 작업에 사용된 송풍도구
사진: 웨이단팡韋丹芳

<사진 5-9> 복원된 영불수은공사 시기의 제련로
사진: 웨이단팡韋丹芳

채광동굴 유적은 모두 보호구역으로 지정되었다. 선인동은 이미 명승지로 허가를 받았으며, 일부 채광동굴은 일반에 공개되었다.

현재 남아있는 근현대 산업 건축물은 세 구역으로 나눌 수 있다. 장자만 산업시설에는 제련소, 제련로 작업장(사진 5-4), 폭약창고, 수갱, 일 생산량 300톤의 선광 공장이 있다. 그 중 제련로가 있는 작업장은 1953년에 고로, 비등로, 증류로를 설치했는데, 이 가운데 증류로 제련 공정이 비교적 발전된 설비로서 현재까지 잘 보존되어 있다. 토평 거주구역의 건축물은 주로 1950년대에 지어진 초등학교, 대강당(사진 5-5), 소련 전문가 기술학교(사진 5-6), 상금湘黔 홍광공사, 삼각암 노동자 마을(사진 5-7)이 있다. 기타 작업장과 건축물로는 1950년대에 지어진 제련공장, 시멘트공장, 자동차 수리공장, 발전소, 기계수리공장, 유리공장 그리고 원명元明 시대의 기와공장과 절이 있다.

제련공장에도 비교적 완전한 현대식 제련 시설이 있으며, 홍광산업 유적박물관에 송풍도구(사진 5-8), 광산 시설과 기타 부속 설비(사진 5-9) 등 이동식 제련 장비들이 소장되어 있다.

## 3. 기술사적 가치

만산 홍광 유적은 고대부터 근현대까지 수은광 채굴 및 생산기술의 전 과정을 보여주며, 중국 수은광 기술과 산업의 역사가 담긴 귀중한 유적이다.

만산 홍광 유적은 수작업부터 기계화된 생산에 이르기까지 600년이 넘는 수은광 채굴의 변천 과정을 담고 있다. 채광동굴, 작업장, 기계장비, 생활시설, 박물관 등이 완전한 산업경관을 형성하고 있으며,

시대별로 채광, 선광 및 제련의 모든 기술공정을 간직하고 있다. 주사 朱砂 채굴은 명나라 시대의 폭화융爆火隆 방식, 청나라 시대의 망치 채굴, 근대의 화약 발파, 현대의 기계화 작업방식으로 변천해왔다. 수은 생산은 자력 흡수법, 수비水飛 정제법, 물과 불을 이용한 제련, 증류밀폐법 등 기술과 현대식 제련 증발기술을 통해 이루어졌다. 만산 홍광 유적은 2006년 5월 국무원으로부터 제6차 국가중점문물보호단위로 지정되었으며, 2012년 11월에 유네스코 세계문화유산 잠정목록으로 등재되었다. 향후에 홍광 유적의 가치에 대한 더 심도 깊은 연구와 합리적인 보존 및 개발이 요구된다.

# 6

복주福州 선정船政

## 1. 개요

청나라 말엽 양무운동 시기에 양무파 관리들이 20여 개의 방산기업을 잇달아 설립했는데, 그 중 가장 중요하고 대표적인 2개의 기업이 1865년 설립된 기계제조총국과 1866년에 설립된 복주 선정(그림 6-1)이다. 좌종당左宗堂이 주청하고 선정대신 심보정沈葆楨이 주도한 복주 선정은 근대에 건립된 중국 최초의 대규모 함선제조기지이다. 1868년에 가동에 들어간 선정船政은 프랑스로부터 기술과 기술자를 도입하여 선체, 동력기계 및 부속품을 모방하여 생산하는 초보적인 능력을 갖추게 되었다. 예를 들어, 동력기계의 제작은 회사원繪事院(선정국 산하에 있었던 선박설계 연구소_역자주), 목재금형공장, 제철공장, 주철공장, 터빈공장, 통합공장, 물탱크공장 및 기타 작업장들 간 분업으로 이뤄졌다. 이 가운데 통합공장은 조립공장atelier de montage에 해당되었다. 1871년 6월 말, 프랑스에서 들어온 제품을 모방하여 150마력의 증기기관과 증기기관에 들어갈 보일러를 생산했다.

1869년 6월 10일 첫 군함 '만년청萬年清(그림 6-5)'이 진수된 이후 1907년에 생산이 중단되기 까지 선정船政은 총40척의 다양한 함선을 건조했다[1]. 이 함선들은 주로 청나라의 북양, 남양, 광동 등 수군에 배치되었다. 그 중, 1888년에 건조된 '용위함(평원호[2])'는 선정이 건조한

---

[1] 福州市地方誌編纂委員會 編, 沈巖 主編, 船政志[M], 北京, 商務印書館, 2017, pp.130-141.
[2] 군함이 건조된 당시에는 '용위함'으로 명명되었다가 1890년 북양수사에 소속되면서 '평원호'로 이름이 바뀌었다. 이하 '평원호'로 통칭한다.

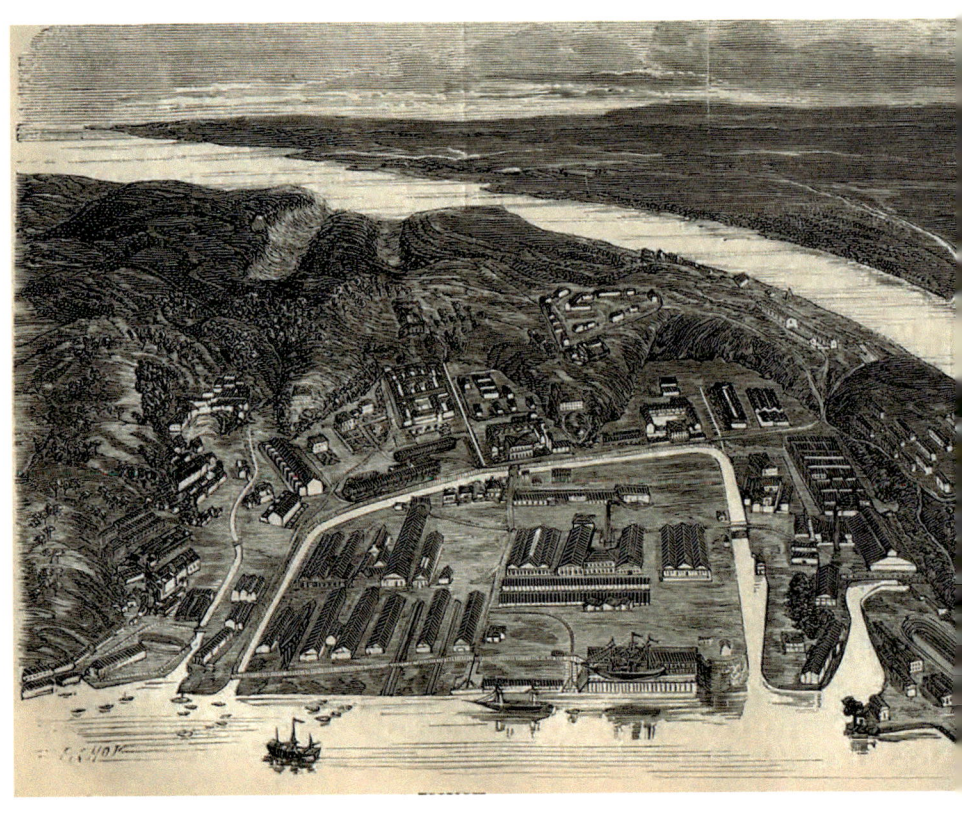

<사진 6-1> 복주 선정의 전경을 그린 그림
사진출처: 중국 선정문화박물관

최초의 철갑 군함으로서 선정이 가진 최고의 기술수준을 보여주는 함선이었다. 주로 프랑스 해군의 '아케론Acheron'급 해안 경비 장갑함을 본떠 설계되었으며, 함장 60.05m, 배수량 2,150t, 2대의 트윈스크류 트리플 액스팬션 스팀 엔진을 장착했다. 또한 총출력 2,400마력ihp, 항속 10.5kn, 260mm 구경 크루프 후장식 포를 갖추었다. 함선을 제작하는 데 사용된 철강과 보일러, 대포 등은 모두 유럽에서 조달했다. 선정학당 1기 졸업생이자 선정학당 1기 유럽 유학파들이 '용위함' 건조 과정

<사진 6-2> 1872년 선정 터빈공장이 제작한 증기기관
사진출처: 중국 선정문화박물관

에서 중요한 역할을 했다.

1866년 선정이 세운 기술학교 구시당예국求是堂藝局, 즉 훗날 많은 사람들이 선정학당이라고 부르는 이 학교는 근대 중국 기술교육의 효시로서 최초의 기술인력과 해군 장교를 배출했다. 이곳은 전학당과 후학당으로 나뉘어 해군 장교, 엔지니어, 기술자를 양성했다. 또한 네 차례에 걸쳐 유학과 인턴십의 형태로 학생들을 유럽으로 파견했는데, 그 중에는 제조, 운전, 교량, 제련, 병기, 전보 등 기술분야 학생뿐 아니라 수학, 물리, 외국어, 국제법을 전공한 인재들도 있었다. 위한魏瀚을 비

<사진 6-3> 건설중인 선정船政 구역
1870년 영국의 사진작가 존 톰슨John Thomson이 이 촬영한 선정 구역의 사진. 원본 필름은 영국 런던의 웰컴도서관Wellcome Library에 소장되어 있다. 사진 왼쪽으로 멀리 검은 연기가 피어오르는 굴뚝 아래쪽이 선정의 터빈공장이고, 부근의 비계를 아직 제거하지 않은 굴뚝 아래쪽이 담금질과 벼름질 작업장의 보일러실이다.
사진출처: 중국선정문화박물관

롯한 졸업생들이 선정 후기에 여러 척의 군함 설계와 건조에 참여하거나 주도했다. 근대 사상가 엄복嚴復, 한때 선정에서 일했던 첨천우詹天佑, 민국시기에 해군참모총장을 지낸 살진빙薩鎭冰과 유관웅劉冠雄, 제련 및 야금 전문가 지정전池貞銓, 프랑스 문학 번역가 왕수창王壽昌 등이 각기 다른 방식으로 선정을 통해 중국 사회 발전의 여러 분야에서 영향을 미쳤다.

회사원繪事院 ecole et Bureau de dessin은 선정의 선박 건조에 있어서 주요 부서이자 조선 기술 교육의 필수 요소였다. 첫해의 공부를

<사진 6-4> 천후궁에서 내려단 본 선정의 정경
사진출처: 중국선정문화박물관

<사진 6-5> 군함[3]의 선대船臺를 건조하고 있는 모습
사진출처: 중국선정문화박물관

3  선정이 건조한 첫 군함 만년청호일 것으로 추정된다.

<사진 6-6> 평원호(청일전쟁 때 일본 해군에 납포된 후)

<사진 6-7> 선정후학당 제1기 학생들의 단체사진
사진출처: 중국 선정문화박물관

<사진 6-4> 천후궁에서 내려다 본 선정의 정경
사진출처: 중국선정문화박물관

<사진 6-5> 군함[3]의 선대船臺를 건조하고 있는 모습
사진출처: 중국선정문화박물관

- 3  선정이 건조한 첫 군함 만년청호일 것으로 추정된다.

<사진 6-6> 평원호(청일전쟁 때 일본 해군에 납포된 후)

<사진 6-7> 선정후학당 제1기 학생들의 단체사진
사진출처: 중국 선정문화박물관

마친 전학당의 수강생 중 일부가 회사원에 배정되어 도면 그리는 법을 배웠는데, 이들은 '화동畵童'으로 불렸다. 화동들은 프랑스어, 산수, 기하학, 도화 기하학 과정을 공부하고, 150마력[4] 선박용 증기기관의 측량 및 제도를 전공했다. 또한 매일 일정 시간 동안 작업장에 가서 노동에 참여하고 증기기관 및 관련 기계장비와 접해야 했다. 졸업한 이후 대다수는 회사원에서 일했다. 1875년, 제1기 졸업생 왕교년汪喬年, 오덕장吳德章 등이 50마력 증기기관과 이 기관으로 구동되는 군함 등의 도면을 제작하고 이를 바탕으로 '예신호藝新號'를 만들었는데, 이는 회사원이 배출한 인재들이 기본적인 측량과 설계 능력을 갖추고 있었다는 것을 의미한다. 하지만 1890년대까지 선정은 여전히 외국군함의 설계를 모방하고 원자재를 수입해 선박을 건조했기 때문에, 선정을 대표하는 최고 수준의 함정으로 평가되었던 '평원함平遠艦'도 외주 생산된 군함이 주력이던 북양수사에서 주요한 위치를 점하지 못했다.

민국 시기에 선정은 복주선정국, 마미馬尾 조선소로 이름이 바뀌며 선박 수리를 주로 담당하게 되었고, 이후에 항공기를 제작하기도 했다. 기존의 선정 전학당과 후학당은 조선소와 분리되어 해군부 산하의 해군학교로 바뀌며 신입생 입학이 재개되었다. 항일전쟁 기간에 마미조선소가 일본군의 폭격을 받고 조선소의 공장 시설들이 약탈을 당했다. 이로인해 해군학교는 귀주성 동재桐梓로 이전했다. 1958년, 마미조선소가 선정이 있던 자리에 설립되었다. 주로 민간 선박건조를 기반

---

[4] 여기에서 말하는 마력은 공칭마력(nhp, nominal horsepower)으로, 대략 600ihpo 이하의 50마력에 해당된다.

<사진 6-8> 통합공장(1층)과 회사원(2층)
사진: 리밍양李明洋

으로 선정에 속했던 일부 작업장, 공장 및 선박 탱크 등을 물려받아 사용했다. 2016년에 마미조선소가 조노粗蘆 섬으로 모두 이전한 후에 옛 터가 새롭게 조성되어 '선정문화 관광단지'에 편입되었다.

## 2. 현황

1949년에 이미 선정의 기계설비들이 거의 남아있지 않게 되었고, 전쟁과 여러 시기에 걸쳐 이뤄진 재건으로 공장건물들은 원래의 모습을 찾아볼 수 없게 되었다. 현재는 1호 도크와 몇몇 건물들이 원래의 구조를 유지하고 있는데, 그 중 터빈공장, 통합공장, 회사원이 대표적이다. 이 건물들은 서로 연결된 구도를 이루고 있는데, 터빈공장이 두 부분으로 대칭을 이루고 통합공장이 그 가운데 자리잡고 있으며 회사원은 통합공장 2층에 위치해 있다(그림 6-9~12). 이 복합 건축물들은 1867년에 지어진 것으로 터빈공장과 통합공장의 부지 면적이 각각 2,400m², 800m²이다. 공장은 프랑스의 동일 분야 건축물의 설계방식을 채택했고, 주요 건축자재는 하문廈門에서 생산된 품질 좋은 붉은 벽돌을 사용했다. 지반은 선정 인근의 산에서 나는 돌을 사용했으며 기둥은 20m 길이의 목재로 되어 있다. 경간이 20m에 이르는 대들보는 싱가포르에서 구입한 목재를 가공해 만들었고, 이를 지탱하는 무게 2.5t의 철주 120개는 선정이 직접 주조한 것이다[5]. 1884년 청과 프랑스 간에 벌어진 마강해전으로 통합공장과 회사원이 모두 큰 피해를 입었다. 1938년에는 일본군의 폭격을 받아 터빈공장의 남쪽 절반이 소실되었다.

터빈공장, 통합공장 그리고 회사원 등 건물들 이외에 선정이 남긴 건축물로 1893년에 건설된 1호 도크, 1870년 전후에 건설된 철수평鐵水坪 부두, 1887년에 부설된 호미滬尾(오늘날 타이완 담수淡水) - 천석川石 해저 케이블 유적, 1886년 초에 건립된 소충사昭忠祠, 1885년에 보수한 영국인 교사 숙소(구 영국영사관), 1886년에 세워진 '선정관계船政官界' 비석, 선정대신 시금비示禁碑(금령비_역자주), 선정 관계자들의 고택, 묘지,

---

[5] Giquel, Prosper. *L'Arsenal de Fou-Tcheou: ses resultats*. Shanghai: Imprimerie A.H.de Carvalho, 1874 : 6.

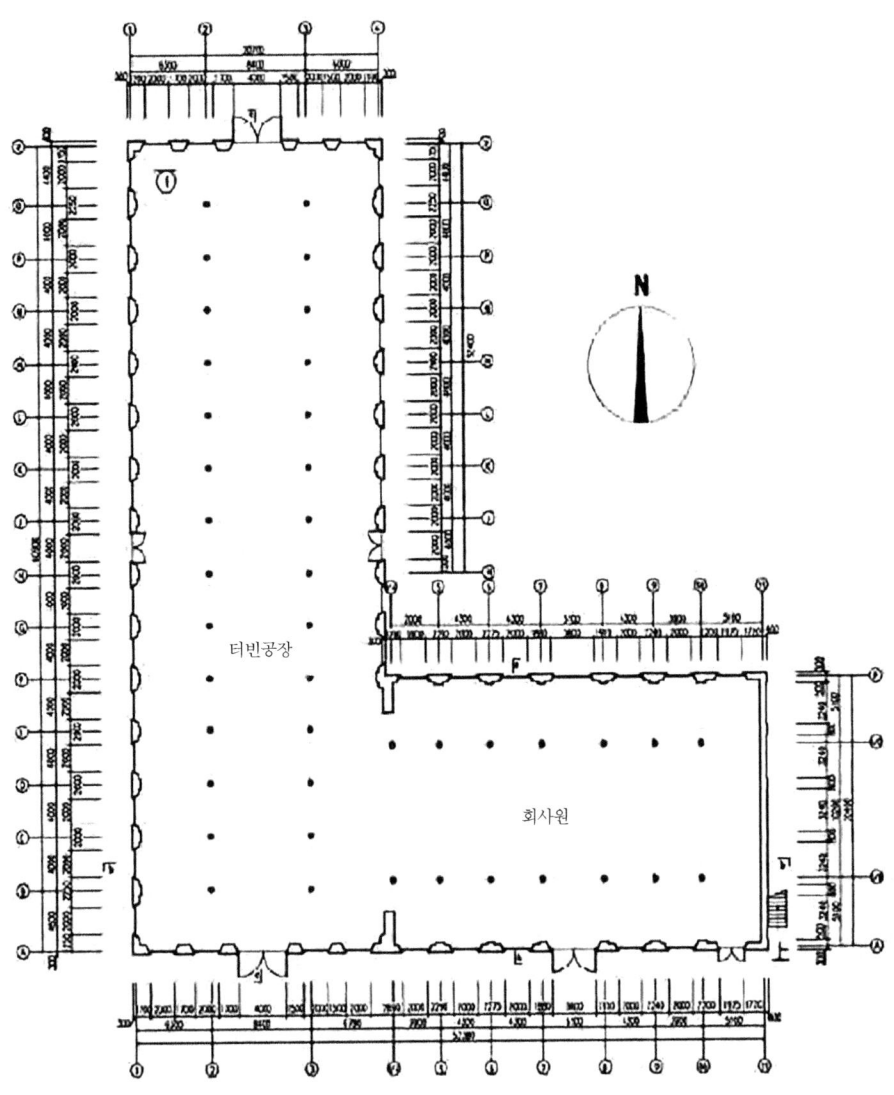

<그림 6-9> 터빈공장과 통합공장 평면도(통합공장 위쪽이 회사원이다)
자료출처: 천원허『복주 마미 산업건축유산의 역동적 보호와 재활용 연구』

<사진 6-10> 선정 건축 유적
사진의 좌측 2층 건물이 통합공장(1층)과 회사원(2층)이다. 사진의 우측 건물은 터빈공장이다.
사진: 리밍양李明洋

<사진 6-11> 터빈공장 외관
사진: 장보춘張栢春

<사진 6-12> 통합공장과 터빈공장이 맞닿는 입구(위)
<사진 6-13> 터빈공장 내부(아래)
사진: 장보춘張栢春

<사진 6-14> 중국선정문화박물관
사진: 장보춘張柏春

제각題刻(바위나 나무에 새겨진 글_역자주) 등이 있다. 그 밖의 이동가능한 유물의 대부분은 중국선정문화박물관(사진 6-14), 마미조선소, 복건성박물관에 전시되어 있다. 여기에는 청나라 조정에서 외국인에게 수여한 금은 메달, 선정학당의 인장, 19세기 말 학당에서 사용했던 기하학 교과서, 다양한 구경의 크루프포炮와 암스트롱포炮, 소총, 프랑스군이 사용한 소총과 조총, 청군이 사용했던 소총, 총검, 허리칼 및 기타 총기류, 선정 1호 군함 '만년청호' 승조원들의 급여 목록과 당시의 다양한 사진들이 있다.

## 3. 기술사적 가치

복주 구 선정 건물은 19세기 중국의 산업화와 기술 근대화의 중요한 역사적 유물이자 중요한 기술사적 가치를 지닌다[6]. 터빈공장, 통합공장 및 회사원 건물은 근대 초기 중국의 해양증기기관의 제작능력과 기술인력들의 성장과정을 보여준다. 각기 기능을 담당했던 이 세 건물들은 1991년에 복건성문화재보호단위로 지정되었고, 2001년에는 국가중점문물보호단위로 승격되었다. 복건성 정부는 '선정문화'를 마미, 더 나아가 복주를 대표하는 문화로 보고 '선정문화 관광단지' 조성을 계획했다. 여기에는 공원 2곳, 박물관 2곳, 부두 1곳이 포함되었는데, 다시 말해 마한산공원, 나성탑공원, 중국선정문화박물관, 청-프 마장해전기념관, 1호 도크가 포함되었다. 2013년에 '마미·중국 선정문화단지'가 공식적으로 복건성 10대 중점문화산업에 포함되었다. 2016년 선정 설립 150주년을 맞아 마미조선소를 이전하고 이곳에 선정격치원船政格致園을 조성하여 선정아문, 선정학당 등 건축물을 복원했다.

터빈공장, 회사원 등 건물들은 한때 마미조선소역사전시관과 마미조선역사전시관으로 사용되었다. 마미조선소의 이전으로 이 건물들은 현재 일반에 공개되지 않고 있으며 통합적인 계획과 리모델링이 진행될 예정이다. 이 건물들을 산업박물관으로 조성하여 선정의 유물과 선박건조, 항해 관련 기계장비 등 주제별 문화유물을 전시하고, 현대기술

---

- [6] 상해강남제조국 부지에는 이미 이러한 건물이 남아 있지 않기 때문에 선정의 공장과 회사원 건물의 역사적 가치가 더욱 소중하다.

<사진 6-15> 복원된 선정 전학당
사진: 리밍양李明洋

을 활용하여 시대별 조선기술과 항해기술을 전시할 수 있다면, 선정船政의 유적이 기술, 산업, 문화적 측면에서 더욱 큰 가치를 발휘할 수 있게 될 것이다.

# 7

개난開灤 탄광

## 1. 개요

개난탄광의 전신은 개평광무국으로 개평광무국과 난주광무국의 통합으로 탄생했다. 지금까지 역사가 140년에 이르는 동안 설립 이후 단 한 번도 사업장을 옮기거나 운영을 중단한 적이 없다. 따라서 이곳의 많은 산업유적들이 국가중점문물보호단위로 지정되어, 현대 중국의 생생한 산업적 증거로 불린다.

개평탄전은 연산燕山 자락과 화북평원이 만나는 곳에 위치해 있는데, 동고서저 지형에 북쪽이 남쪽보다 높은 지형적 특징을 띤다. 지질구조가 복잡해서 석탄계열 지층은 고생대 석탄기와 페름기의 것으로 주로 사암, 미사암, 점토암, 박층석회암으로 이뤄져 있다. 석탄이 매장된 지층에 채굴 가능한 석탄층 10개가 있으며, 대부분 중앙에 사암을 끼고 있다. 탄층의 평균 두께는 약 15m, 지질학적 매장량은 42억 7천만 톤으로, 1878년 광산이 문을 연 이래 약 11억 톤의 석탄이 채굴되었다.

개평탄전의 초기 탐사가 독일의 지질학자 리히트호펜Richthofen에

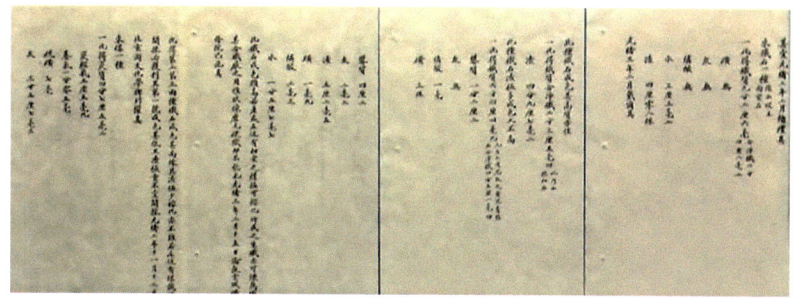

〈사진 7-1〉 당정추가 석탄층을 탐사할 때 북경동문관과 영국인 화학실험 연구자가 작성한 석탄질 화학실험 보고서

<사진 7-2> 외국계 광산 기사가 갱도를 굴착하고 있는 모습(1878년)

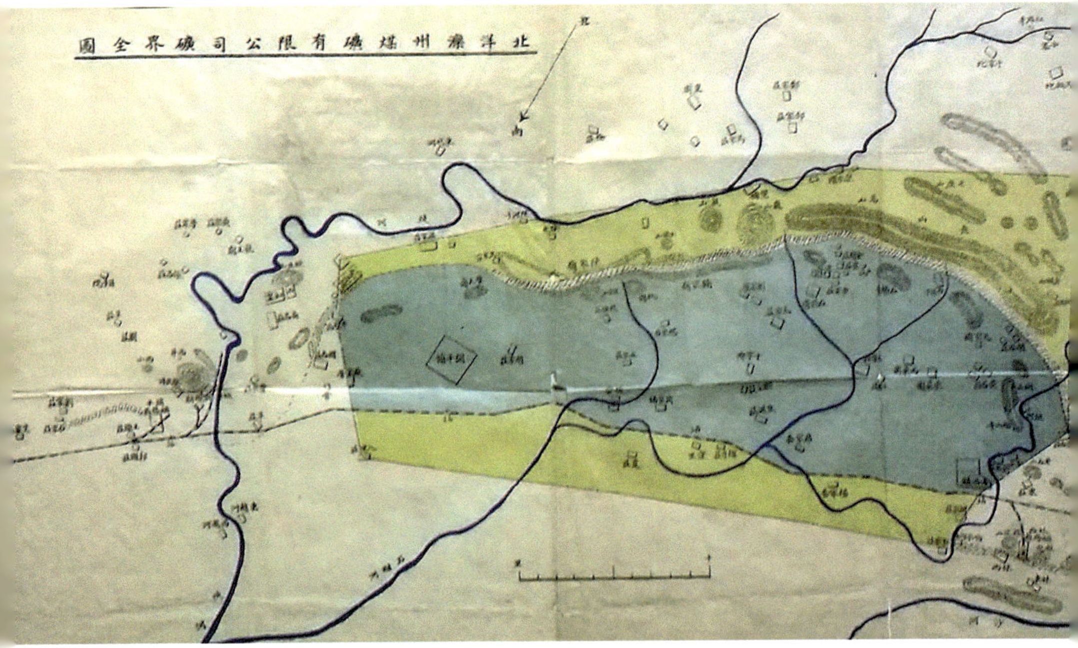

<사진 7-3> 북양 난주 관광官鑛 유한공사의 광구鑛口 지도

의해 수행되기는 했으나 지극히 개괄적인 탐사였다. 1878년 6월 20일, 개평광무국이 정식 설립되어 정부의 관리감독을 받는 탄광으로 지정되었다. 당정추唐廷樞가 광무국을 운영하던 초기에 개평탄전의 석탄층과 석탄질에 대한 파악이 정확히 이루어졌다(사진 7-1, 7-2). 1881년에 당산광 1호 갱구가 완공되어 채굴에 들어갔는데, 이는 중국에서 '서구의 방식'으로 굴착한 최초의 기계식 광산이었다. 같은 해에 중국 최초의 표준궤도 철도인 당서唐胥 철도가 건설되고 중국 최초의 증기기관차인 용호龍號 기차가 제작되었다. 또한 중국 최초의 철도회사인 개평철도공사가 설립되면서 석탄을 운송하기 위해 서작장胥各莊에서 염장閻莊까지 인공운하를 굴착했다. 1898년 청 조정의 비준을 받아 진황도秦皇島에 부두가 건설되었고, 이어서 우장, 천진의 하동과 하서, 당고, 광주, 홍콩의 여지荔枝, 구룡, 상해의 일휘, 포동, 오송 등지에 11개의 부두가 건설되었다. 이와 함께 석탄 운반선 6척을 도입하여 함대의 규모를 갖추었다. 1900년에 8개국 연합군이 침입한 후, 개평광무국이 영국 상인들의 손에 넘어가면서 '개평광산주식회사'로 명칭이 바뀌었다. 1906년, 원세개袁世凱가 주학희周學熙에게 난주탄광을 만들도록 지시하고 탄광의 이름을 '북양 난주 관광官鑛 유한공사'로 명명했다(사진 7-3). 개평과 난주 두 석탄공사는 '개난 광무총국 공동운영 정식 계약서'를 체결하고 '개난광무총국'으로 통합되면서 실권이 영국인의 손에 들어갔다. 1941년, 일본군이 개난을 점령하고 직접 통제했는데, '군관리 개난 광무총국'으로 불렸다.

　　1948년 12월, 당산唐山이 해방을 맞으면서 개난매광총군사대표처가 설치되었다가, 1952년에 영국인 총경리가 직무태만으로 경질되고 개난탄광은 중앙인민정부 연료산업부 관리하에 들어갔다. 이와 함께 개난매광총관리처가 설치되었다. 1952년 12월, 개난진황도사무소가 진황도항으로 이전했다. 1999년 12월, 개난광무국이 개난유한책임공사로 개편되었으며, 지금은 석탄 생산, 석탄재 세척 및 가공, 석탄 화공, 물류, 금융서비스, 문화관광, 장비제작, 열전기, 건축시공 등 사업분야를 아우르는 대기업으로 발전했다. 개평광무국 설립 초기, 기술력 부족으로 탄광 개발이 늦어질 것을 우려한 이홍장李鴻章은 당정추에게 시급히 광산기사를 모집할 것을 지시하고 "큰 값을 쳐주지 않으면 코쟁이가 오도록 만들 수 없다"고 말했다. 1879년까지 광무국은 9명의 영국인 엔지니어를 고용했다. 1880년대 초에는 외국계 기술 인력이 20명으로 늘었다. 개평에 화학 및 금속 실험장비를 갖춘 야금학부(사진 7-4)가 설립되면서, 개평탄광 최초로 과학기술의 토대가 마련되었다.

당산 광구에 총 11개의 광산이 있었는데 그 중 5개는 이미 채굴이 되었다. 연대순으로 보면 당산광산, 임서광산, 마가구광산, 조각장광산, 당가장광산으로 속칭 '노오광老五鑛'으로 불렸다. 중화인민공화국 수립 이후에 범각장광산, 여가타광산, 형각장광산, 임남창광산, 전가영

〈사진 7-4〉 개평광무국이 시추한 암석코어

광산, 동환타광산 등이 차례로 채굴되었다. 평균적으로 10년마다 새로이 광산 채굴이 진행되었다. 그 중 당산광산은 서구화 운동 시기에 개발된 '중국 제1의 광산'이었고, 범각장광산은 중국이 독자적으로 탐사, 설계, 시공한 최초의 대규모 기계화 광산으로, '신중국 제1의 광산'으로 불렸다. 현재 개난그룹이 하북성 당산과 울주 광구, 산시성 개휴 광구, 내몽고 오르도스와 신장 준동 광구, 캐나다 게팅 광구 등지에서 석탄 생산과 확장을 계획하고 있다.

## 2. 현황

개난탄광은 많은 역경과 전쟁, 심지어 당산 지진의 참사를 겪으면서도 그 터를 이전한 적이 없고, 운영이 중단된 적도 없었다. 그 결과 많은 독특한 산업유산을 남길 수 있었으며, 일부 노후한 광산 건물, 시설 및 장비들이 여전히 사용되고 있다. 현재 이곳에는 당산광산 1-3호 갱도, 달도達道, 당서철도를 시발점으로 하는 근대산업의 첫발을 내딛던 시기의 유적들, 초기 발전설비와 기록물 등 이동가능한 문물들이 완전하게 보존되어 있다.

당산탄광 1호 갱(사진 7-5)은 중국에서 현대화된 기계식 석탄 채굴의 시초로서 역사적 가치가 높다. 청나라 광서제 4년(1878년), 서구화 운동의 선구자였던 당정서唐丁書가 북양대신이자 직예총독 이홍장의 명을 받아 1호 갱도를 굴착했다. 이 갱도는 광서 7년(1881년)에 완공되어 석탄생산을 시작했으며, 깊이 600피트(약 183m), 직경 4.27m의 원통형

〈사진 7-5〉 당산탄광 1호 갱

〈사진 7-6〉 당산탄광 1호 갱 북쪽 방향 달도의 상부에 붙어 있는 석판

갱도로서 석재로 갱의 벽을 쌓았다. 당시에 수직갱 탑은 목재 구조였는데 높이가 20m가 넘었다. 지름 2m의 도르레와 자중 15t의 3단 승강기를 이용해 석탄을 끌어올렸다. 지하 갱도는 근대 서양에서 대형 탄광을 굴착할 때 사용하던 공법을 채택했으며, 수직갱 여기저기에 조구통을 뚫어 굴진했다. 후에 기술적인 측면에서 많은 진전이 이루어져서 현재 9레벨[1]까지 연장되어 깊이가 543m에 이른다. 이곳은 지금까

---

[1] 9레벨은 갱도의 채굴 레벨을 가리킨다. 채굴 레벨은 광산 전문용어로 대개 석탄 적재장, 단계별 운반로가 있는 갱도를 레벨로 표시한다. 개평광무국은 초기에 채굴 레벨을 피트를 단위로 하다가 후에 미터 단위로 측정했다. 9레벨은 가장 얕은 레벨에서 아래로 한 레벨씩 늘어나는 방식이지만 레벨 사이의 거리가 완전히 동일하지는 않다.

지 140년 간 채탄이 이뤄지고 있으며 연간 생산량이 400만 톤에 달하는 주요 수직갱이다. 1호 갱과 인접한 2호와 3호 갱은 각각 1879년과 1898년에 완공되었으며, 1호 갱과 연계된 채탄 체계를 이루고 있다. 2호 갱도 근대 중국에서 서구식으로 채굴한 최초의 광산이다. 이 3개의 갱은 명확한 분업 체계를 형성하고 있으며 오늘날까지도 채광작업이 이뤄지고 있다.

100년 전에 완공된 달도達道는 근대 중국의 산업사에서 최초의 철도-도로 입체교차로이다. 광서 25년(1899)에 1호 갱과 그 부속 갱(서북갱) 간의 석탄 수송로를 만들기 위해 광산의 동쪽편 노반 아래에 남북 방향의 굴을 뚫고 달도라고 명명했다. 굴착공법으로 만든 아치형 터널 구조물로 순고 5.7m, 폭 7.65m, 총연장 65.1m의 교차로이다. 북쪽과 남쪽 입구에 붙어있는 석판에 '달도 광서 기해己亥 25년 4월 4일 개평광무국'이라는 글씨가 새겨져 있다(사진 7-6). 지반부터 상부까지 벽돌을 차곡차곡 맞대어 만든 이 아치형 터널은 100년 세월의 풍상, 특히 1976년 당산 대지진의 재난에도 조금의 손상도 입지 않고 오늘날까지 여전히 기차가 지나다니고 있다.

1881년, 개평탄광의 설립자 당정추가 거센 저항에도 불구하고 중국 최초의 표준궤도인 당서철도를 건설했고, 영국인 킨더Kinder Claude William 주도로 중국 최초의 증기기관차 용호기차가 제작되었다. 당서철도는 동쪽의 당산광산 1호 갱에서 출발하여 서쪽으로 서각장까지 이어지며, 표준 궤간(1.435m)을 사용했다. 건설 초기에 레일 1미터의 무게가 15kg(30파운드/야드)였지만 후에 무거운 레일은 교체되었다. 당서철도는 국유화 이후 여러 차례 개축되었으며, 현재 당산광산의 기

<사진 7-7> 당서철도의 기점

당산광산(위)과 당서철도 0km 기념비(아래)

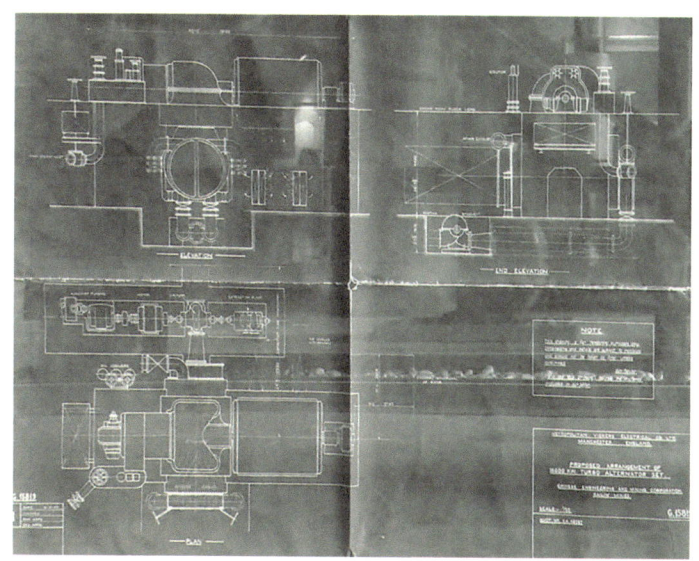

<사진 7-8> 개난 임서발전소 5호 발전설비의 설치도면

<사진 7-9> 개난 임서발전소 5호 증기 터빈 발전기

점 일부 구간만이 보존되어 있다(사진 7-7). 개난박물관에 소장되어 있는 1880년 당서철도의 레일이 국가일급문화재로 지정되었다. 총연장 8.02km의 석탄운반철도가 후에 동서 양쪽으로 산해관과 천진까지 연장되었다. 1911년 당서철도를 시작으로 중국 최초의 간선철도인 경봉京奉 철도가 완공되었다.

임서林西 발전소 5호기는 1931년 영국 메트로폴리탄-비커스British Metropolitan-Vickers Company사가 제조한 것인데, 1932년에 임서발전소에 설치되었지만 1993년에 가동이 중단되었다. 현재는 개난국립광산공원의 1906년 전력시대 전시관에 보존되어 있다(사진 7-8, 7-9). 이 기계는 단기통 축류식 발전기로 회전부는 22단으로 되어 있으며 1단은 양분속도로 구성된 단계이고 2단부터 22단은 충동 단계, 15단 이후부터 역가열 및 추기抽氣가 진행되었다.

증기 매개변수는 압력 1.3MPa, 온도 350°C, 발전기 용량 13,750KVA, 전압 2,200~3,620V, 역률 0.8, 원래 주파수가 25Hz였지만 나중에 50Hz로 변경되었다. 정격출력 10,000kW, 허용 최대 출력은 2,000kW이다. 증기터빈이 발전기와 바로 연결되어 있으며 속도는 1,500rpm이다.

## 3. 기술사적 가치

개난탄광은 중국의 근대 기술과 산업사에서 선구적인 의미를 갖는 탄광이다. 서구화 운동 시기에 설립된 최초의 대규모 석탄 채굴 기업으로, 근대 중국에서 최초로 기계화된 갱을 가지고 있었고 최초의 민간철도회사를 설립했으며 최초의 기계식 시멘트 생산설비를 가동했다. 중국에서 초창기 산업화의 선구자로서, 석탄 채굴기술 발전의 대표적인 사례였다. 그 중에서 현재까지 가동되고 있는 개난탄광 1호 갱은 근대 중국의 기계식 채탄의 기원을 간직하고 있다. 현존하는 '노오광老五鑛'과 그 부대시설들은 초창기 중국의 광산산업 유적으로서 근대 중국의 광산기술 도입과 개발 연구에 귀중한 자료이다.

개난탄광 산업유적은 이미 제7차 국가중점문물보호단위로 등록되었다. 2018년에 중국과학기술협회가 발표하는 국가산업유산목록에 포함되었고, 2019년에는 공업정보화부의 국가산업유산(2차)에 선정되었다. 이외에도 개난그룹의 지원으로 개난탄광박물관이 건립되면서 관련된 근대의 기계장비, 시설 및 기록물들이 잘 보존되어 있다. 임서林西, 조각장趙各莊 등 근대의 중요한 채탄시설과 건축물 등 유산의 발굴과 보존이 더욱 필요하다.

# 8

## 한야평漢冶萍 공사

## 1. 개요

철강과 제련은 근대기에 중국 산업화의 주요 분야 중 하나였는데, 대표적인 기업이 청나라 말기에 설립된 한야평이다. 한야평공사의 전신인 장지동張之洞(1837~1909)이 1890년에 설립한 한양제철인데, 조만간 추진될 노한盧漢 철도(노구교~한구) 건설에 필요한 철도레일을 생산하기 위해 설립된 회사였다. 1894년에 한양漢陽의 구산과 한수漢水의 남쪽에 위치한 한양제철이 가동에 들어가면서 대야大冶 철광도 개발되었다. 1896년, 성선회盛宣懷(1844~1916)가 한양제철을 인수하고 철강 생산에 필요한 석탄과 코크스 공급 문제를 해결하기 위해 평향萍鄕 광산을 개발했다. 1897년에 노한철도에 철로를 공급하기 시작했다. 1908년, 한양제철, 대야철광, 평향탄광의 합병으로 광산과 철강을 아우르는 한야평공사가 탄생했는데, 한때 극동지역 최대의 철강기업으로 성장했다. 1922년 이전까지 중국에서 건설되는 철도의 3분의 1이 한야평공사에서 생산된 철강으로 만든 것이었다. 하지만 1925년에 한양제철과 대야철광의 철강생산이 중단되면서 급격히 쇠락했다. 1937년에 항일투쟁이 본격화된 후, 한양제철의 일부 설비들이 중경重慶으로 옮겨져 후방지역 최대의 철강기업인 제철공장이전위원회(이하 '철강이전위원회') 건설에 투입되었다.

한야평공사는 근대기에 중국 최초의 대규모 석탄-철강 연합기업으로서 석탄 채굴, 철광석 채굴, 철강 제련 등 분야에서 중요한 역할을 했으며, 생산체계(그림 8-1)는 주로 철강 제련과 압연, 철광석 채굴, 석탄 채굴과 코커스 세 단계로 이뤄졌다. 철강 생산은 철강부문 주력 기

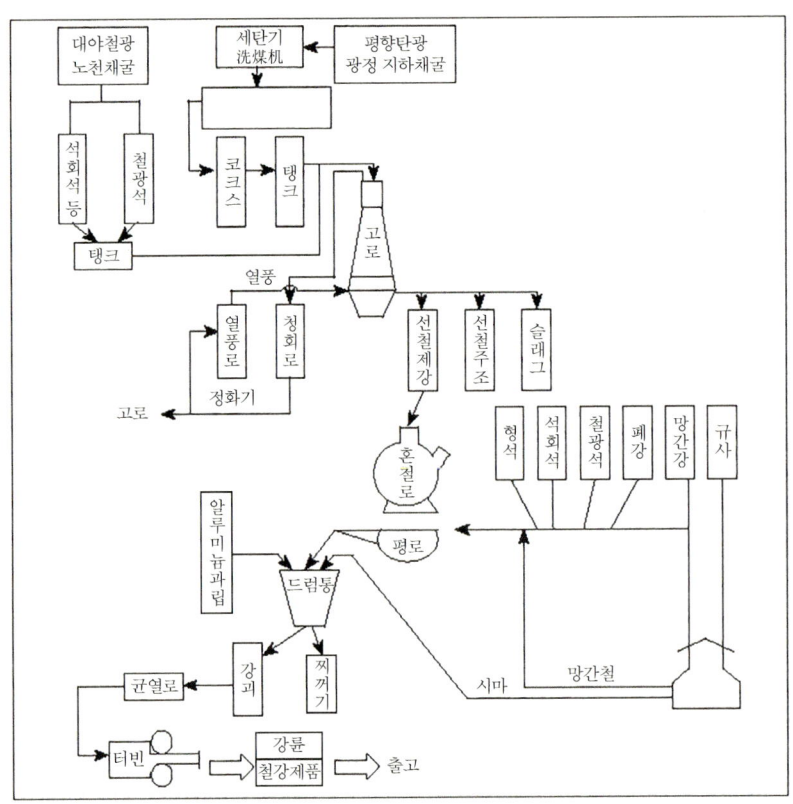

<사진 8-1> 한야평공사의 생산체계 설명도

<사진 8-2> 멀리서 바라본 1920년대 대야철광의 고로 전경
사진: 뤼바이몀柏

업인 한양제철과 1921년에 착공하여 1923년에 완공된 대야철광의 제련설비 두 곳에서 이뤄졌다. 한양제철의 건설은 두 시기로 나뉘는데, 1890년부터 1894년까지 제1기 건설단계와 1894년부터 1908년까지 제2기 확장기이다. 1908년 이후 주요 생산 시설로는 2,100t급 고로 2기, 2,250t급 고로 2기, 평로 7기, 1,150t급 혼선로 1기, 압연용 경궤조, 각종 형강 및 중궤조 설비 등 총 16대의 장비가 있었다. 이 중에는 롤 직경이 800mm인 이중 가역 압연기 5대도 있었다.[1] 대야철광의 주요 설비는 일일 철 생산량이 450톤(그림 8-2)인 고로 2기였는데, 일본인 오시마 미치타로가 설계한 것이었다. 1차 세계대전이후, 일본으로부터 차관을 받아야 했던 한야평공사는 일본의 요구에 따라 사업분야를 철강생산에서 대규모 제련으로 전환했다. 이 두 고로는 당시 아시아 최대 규모의 제철 설비였으며, 일본 야와타 제철소의 생산량 확대에 필요한 선철을 공급하는 것이 주된 목적이었다. 오시마 미치타로가 대형 고로 설계와 설치의 경험이 부족했기 때문에, 두 고로는 기대했던 제련 수준에 도달하지 못했고 각각 1924년과 1925년에 가동이 중단되었다.

대야철광은 한야평공사의 철광석 공급기지였다. 1890년 12월, 철산鐵山 운송로와 부두 건설이 시작되면서 장비가 도입되었다. 운송로가 1892년 10월에 완공되었고, 1893년에 광석을 생산하기 시작했다. 철광석은 노천광에서 채굴되었는데 초기에는 기계화 수준이 낮았지만, 1918년 이후부터 수동 착암기 대신 공기식 착암기를 사용하기 시작했

---

[1] 方一兵, 中日近代鋼鐵技術史比較研究:1868-1933 [M], 濟南, 山東敎育出版社, 2013, p.81.

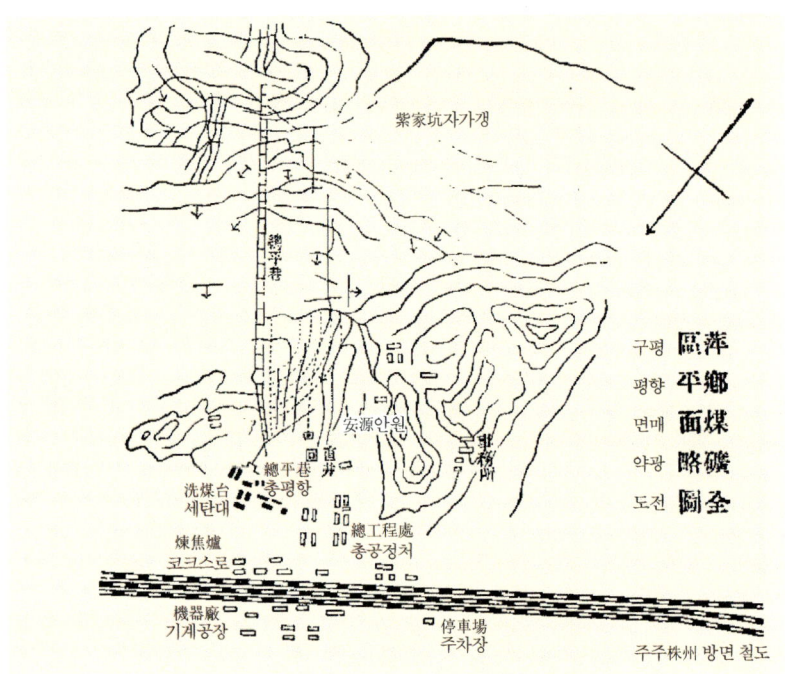

<그림 8-3> 평향철광 전체 평면도

다. 한야평 시기에 대야철광이 광석을 전량 공급했을 뿐 아니라 철광석과 선철로 일본으로부터 빌린 차관을 상환했다. 설립부터 1938년까지 대야철광이 생산한 철광석의 66%가 일본에 판매되어 야와타제철소에서 필요한 철광석의 60~70%를 공급했다. 따라서 대야철광의 채굴 규모가 한야평공사 자체의 수요보다 훨씬 많았으며, 한야평공사가 철강 제련에 사용한 코크스는 주로 장시성 서부의 평향탄광에서 생산된 것이었다(사진 8-3[2]). 1898년에 평향탄광국이 설립되고, 독일 리허사로

---

2 顧琅, 中國十大礦廠調查記[M], 上海, 商務印書館, 1914.

부터 차관을 얻어 탄광 건설과 평주萍株 철도가 착공되었다. 1907년에 평향의 도로, 광산 및 기타 인프라가 완성되어 가동에 들어갔고, 석탄 채굴과 세탄, 코크스화로 이뤄진 완전한 코크스 생산체계가 갖춰졌다. 주요 시설은 횡갱(평갱), 수직갱, 채굴 및 운송 장비, 세탄 장비, 본토식과 서양식 코크스 제련로 등이 있었다.

철광의 탐사, 설계, 장비 조달 및 개보수 공사는 모두 독일인 엔지니어가 담당했다. 독일인 레이눙G. Leinung이 1896년 성선회盛宣懷의 명을 받고 평향으로 파견되어 석탄탐사를 지휘했다. 1898년 이후 그는 수석 광산기사로 일하면서 설계, 건설, 생산 모든 영역을 관리감독하는 책임을 맡았는데, 1923년까지 한야평에서 일하면서 석탄 채굴에 필요한 기술이전 과정에서 중요한 역할을 했다. 평향탄광이 생산에 들어갔던 시기에 기계화 및 전력화 정도가 상대적으로 높았다. 주 수평 갱도는 28대의 전기 탄차를 사용했으며 주행 속도는 4~5m였다. 1대당 적재량이 0.5톤이었던 탄차의 수가 가장 많았을 때는 4,000대에 달했다[3].

## 2. 현황

전쟁과 시대적 변화를 거쳐 한양과 대야 두 제철소의 주요 생산시설들이 심각한 소실을 겪었지만, 다행히도 많은 산업유산들이 남아있다. 그 중, 생산시설들이 기술적, 역사적 가치를 담고 있다.

---

3   劉明漢 編, 漢冶萍公司志[M], 武漢, 華中理工大學出版社, 1990, p.67.

옛 한양제철소 고로터에는 고로 냉각 후에 바닥에 눌러붙은 둥근 모양의 철 조각들만 남아 있다. 한양 이외에, 현재 중경제철그룹이 한양제철소가 2기 확장기에 주문했던 장비 두 대를 소유하고 있다. 그 중 하나가 독일 클라인사가 제작한 두 개의 800mm 롤러가 달린 횡열식 압연기(사진 8-4, 사진 8-5)로 1904년-1905 년경에 제작된 것이다. 다른 하나는 1905년 영국 데이비 브라더스(Davy Bros Ltd. Engineers)가 제작한 8,000마력 증기기관(사진 8-6)인데, 압연기의 동력 장비로 사용되었다. 한야평공사의 초창기에 제강설비와 인 함량이 높은 철광석이 맞지 않아서 품질 문제가 발생했다. 이에 1904년부터 1908년까지 대대적인 기술개량 및 증설을 추진하여 레일 등 생산규모와 제품의 질이 향상되었다. 당시 제철소 책임자였던 이유격李維格이 철광석과 코크스의 특성

〈사진 8-4〉 항일전쟁 시기에 가동했던 800mm 롤러(위)
중경강철그룹 아카이브 제공

〈사진 8-5〉 800mm 롤러의 현재 모습(아래)
현재 중경강철그룹 신해방구 작업장 내에 보관되어 있다.
중경강철그룹 아카이브 제공

〈사진 8-6〉 8000마력 증기기관의 현재 모습
중경강철그룹 아카이브 제공

에 맞는 제강 평로와 철강 압연 장비를 도입하기 위해 유럽과 미국을 방문했다. 증설을 위해 도입된 이 두 장비는 20세기 초 한양제철소의 발전과 기술이전의 중요한 증거이다.

대야제철소가 있던 자리에 철강회사인 황석 신야강이 들어서 있는데, 이곳에 고로 2기의 철근콘크리트 기저부(그림 8-7)와 감시탑, 급수탑, 고로 잔교棧橋 그리고 일본식 건물 4동, 유럽식 건물 1동 등 유적이 남아 있다. 두 고로의 높이가 27.44m이며, 주요 부품은 미국 리터 콘리Riter Conley Company사가 제작한 것이다[4]. 이 고로들은 1920년대에 높은 위험 부담을 안고 건설된 아시아 최초의 450톤급 대형 고로로서 특별한 기술적 의미가 있다. 또한 일본식 건물(사진 8-8)은 기본적으로

---

[4] 方一兵, 漢冶萍公司與中國近代鋼鐵技術移植, 北京, 科學出版社, 2010, 附錄.

<사진 8-7>
대야제철소의 고로 유적
사진:팡이빙方一兵

<사진 8-8>
대야제철소 유적 내에 자리한
일본식 건축물
사진:팡이빙方一兵

건축 당시의 모습을 간직하고 있는데, 이는 1910년대부터 1920년대까지 일본이 한야평공사의 생산 과정에 참여했음을 말해준다.

대야제철의 노천 채광 지역에 두 가지 중요한 풍경이 남아있다. 그 중 하나가 거대한 노천 광산이다. 1829년 이전까지 대야제철의 철광석은 모두 노천 채광으로 얻어졌기 때문에 독특한 노천 광갱을 형성하게 되었는데, 특히 동쪽편에 자리한 노천 채굴장이 가장 아름답다. 동쪽의 노천 채굴장(사진 8-9)은 상비산, 사자산 그리고 첨산 세 곳의 광체鑛體로 되어 있다. 20세기 초에 사자산과 상비산에서 채굴이 시작되어 1955년 이후 대야철광의 주요 광산이 되었다. 현재 동서로 길이 2,200m, 남북으로 폭 550m, 최대 낙차 444m의 광갱을 형성하고 있다. 두 번째는 광구에서 회요灰窯 부두로 연결되는 광석 운송로이다. 1891년에 독일인 엔지니어의 감독 하에 착공된 총연장 약 35km에 달하는 공사였다. 광구의 경궤도와 연결로, 철산鐵山에서 회요까지 철광석 운송 철도, 하륙下陸 탄차 수리 공장, 강변의 하역 부두, 사무실 등 기타 부대시설이 포함된다. 운송로를 따라 27개의 철교가 있고 철산, 성홍경, 하륙 그리고 석복 4개의 역이 자리하고 있는데, 1893년에 완공되었다. 현존하는 이 운송로의 정경이 근대 중국 철광 생산의 100년 사史를 보여준다.

〈표 8-1〉 평향탄광의 석탄과 코크스 생산 및 관련된 주요 산업유산 목록

| 명칭 | 연대 | 설명 |
|---|---|---|
| 총 수평갱도 및 기타 동서 수평갱도 등 | 1898년 | 평향 광산의 주요 생산 갱구; 대형 광갱 공사 |
| 팔방정, 육방정 유적 | 1898년 | 평향 광산의 1, 2호 수갱 공사 |
| 팔방정 사무동 | 1898년 | 팔방정 사무소; 현現 배전실 |
| 노마갱도 | 1899년 | 팔방정과 육방정 통풍로; 노새가 석탄을 날랐던데서 유래된 이름 |
| 세탄장 우물 | 미상 | 세탄장의 수원으로 벽돌을 원형으로 쌓아 만듦 |
| 왕복식 펌프 | 1921년 | 매광기계 제작. 증기를 동력으로 하는 왕복식 양수기 |
| 성공사 | 1898년 | 평향탄광총국 사무동 |
| 공무종합동 | 1906년 | 평향탄광총국 사무동 |
| 장공사 | 1907년 | 1908년에 평향탄광 광무학당으로 사용 |
| 노광무학당 | 1899년 | 1908년 전까지 광무학당으로 사용 |
| 동서남북원 | 1899년 | 팔방정 동산의 동, 남, 서, 북 사각형 모양의 유럽식 건축물. 당시에 독일인 기술자들의 거주와 사무소로 사용 |
| 평광계비 | 1898년 | 당시에 '관광계비'와 '평향계비' 두 개의 경계비를 세웠는데, 현재 안원로 광산 노동자 운동 기념관과 안원 정신전시관에 소장되어 있다. |

<사진 8-9> 대야철광의 동편 노천 광갱
사진: 광이빙方一冰

평향탄광 초기의 주요 채굴방식이 오늘날까지 이어지고 있으며, 지금도 당시에 굴착된 광갱에서 채탄을 하고 있다. 평향탄광은 한야평공사의 광구들 가운데 보존상태가 가장 양호하다(표 8-1).

상술한 탄광 유적은 두 가지 범주로 나눌 수 있는데, 하나는 총평항總平巷으로 대표되는 갱도 시설이고, 다른 하나는 성공사盛公祠로 대표되는 광구 관리, 교육 및 주거용 건축물이다. 처음 탄광을 만들 때부터 동평항東平巷과 서쪽의 팔방정으로 이어지는 서평항西平巷을 굴진했다. 동평항은 평향탄광에서 가장 중요한 수평갱도로서 갱구는 천문동을 기점으로 했다. 후에 수송의 필요성으로 인해 천문동에서 외곽 방향으로 145m 연장되었으며, 갱도의 단면적은 16m²이고 4개의 궤도가 부설되었다. 동서로 난 수평갱도(동평항과 서평항)와 서쪽 팔방정으로의 운반이 모두 이 연장된 갱도를 통과했기 때문에 이 갱도를 총평항으로 불렀다(사진 8-10, 8-11)[5]. 총평항은 주 갱도로서 채굴된 석탄이 지금도 이곳의 궤도를 통해 세탄장으로 운송된다. 이에 반해 두 개의 수갱은 오래 전에 폐기되었고 갱구도 이미 평지가 되었다. 남아있는 관련 시설로는 1904년에 건축된 팔방정 사무동이 있는데, 이 건물은 유럽식 회랑이 있는 2층 목조건물이다. 현재 안원구 문물보호단위로 지정되어 있다. 총평항과 생산시설들에서 120년에 걸친 중국의 채탄사史를 엿볼 수 있다.

평향탄광에는 광정 등 생산시설 외에도 1898년에서 1907년 사이에 건설된 여덟 동의 광산 사무동 과 유럽식 주택이 보존되어 있다. 총사

---

[5] 江西省政協文史資料硏究委員會, 萍鄕煤炭發展史略[M], 江西文史資料選輯 第23輯, 1987, p.138.

<사진 8-10> 총평항의 외관
사진: 팡이빙方一兵

<사진 8-11> 총평항 갱도 내부의 모습
사진: 팡이빙方一兵

<사진 8-12> 총사무동(1908)

<사진 8-13> 총사무동의 현재 모습

무동(사진8-12, 8-13), 장공사張公祠, 광산사무소 그리고 팔방정 등 사무동과 동서남북원(외국인 기술자 주택)이 모두 아치형 외랑 구조로 되어 있다. 이는 유럽인들이 중국 남부의 무더운 기후에 적응하기 위해서 채택한 구조로 서양식 건축에 외랑을 덧댄 형태이다. 총사무동은 1898년에 건립되었는데, 1916년에 성선회盛宣懷가 세상을 떠나자 한야평공사가 이 건물을 성공사盛公祠라고 불렀다. 중국과 서양의 건축 요소가 결합된 특징이 뚜렷하며 건물의 전체적인 구성, 외관 및 내부 구조들이

유럽식 건축의 특징뿐 아니라 종교 건축의 이미지마저 가지고 있다. 또한 건물 지붕의 형태와 선 그리고 내부의 기둥구조 등에서는 중국식 건축의 특징도 엿볼 수 있다. 서양 건축기술의 도입과 현지화를 보여준다.

## 3. 기술사적 가치

한야평공사의 창립은 근대기 중국의 기술사와 산업사에서 선구자적인 의미를 가지고 있다. 19세기 후반부터 20세기 초까지 세계 주류 철강기업들의 제련기술과 석탄 및 철 채굴기술 그리고 이러한 기술들이 중국으로 이전된 사실을 보여주는 대표적 사례이다. 100여년의 생산과 산업지형의 변화를 겪어온 무한, 황석, 평향 그리고 중경 등지에 산재해 있는 한야평공사의 유적들은 근대 중국의 철강과 채탄기술의 산업화를 보여주는 중요한 증거로서 특별한 기술사적 가치와 산업사적 가치를 가지고 있다.

오늘날 중경에 있는 한양제철소의 압연기, 증기기관, 대야의 철광석 채굴장, 평향탄광의 총평항, 광산총국 사무동, 외국인 기술자의 주택 등 한야평공사가 남긴 기계장비, 생산시설 그리고 산업경관들을 잘 보존해야 한다. 기술 및 산업의 역사적 가치를 보존하고 활용하기 위해서는 지역 간, 행정부처 간 긴밀한 협력이 필요하다. 아울러 한양이 제작한 궤도, 유물 및 관련 자료들을 수집하고, 적절한 때에 박물관이나 전시장을 건립하는 것도 고려해 볼 만하다.

# 9

## 상녕常寧 수구산水口山
## 납·아연 광산

## 1. 개요

　호남성 상녕시 수구산에 자리한 납·아연 광산은 중국 최초로 서양식 탐광, 선광 및 제련법을 도입한 납·아연 광산으로 '세계 납의 고장', '중국 납·아연 광업의 요람'으로 불렸다.

　1896년, 호남 순무 진보잠陳寶箴이 수구산 연신광국을 설치하고 요수형廖樹蘅을 파견하여 수구산의 광업개발을 주도했다. 광산 건설 초기에는 전통적인 채굴방식인 명용법明礐法이 이용되었지만 후에 갱도가 깊어지고 운송의 어려움과 수량증가로, 1905년에 서양식 채굴 방식을 도입했다. 명용의 남쪽 끝자락에 있는 노아소老鴉巢에서 1호 사갱斜坑을 팠는데, 광국 소속 설계사 하고경夏估卿이 직접 설계하고 시공했다. 갱 내에 보일러, 증기기관, 펌프, 권양기 등을 설치하고 복선 궤도를 부설했다. 노아소 1호 사갱은 중국에서 최초로 설계 시공한 금속광정으로, 증기의 힘으로 권양기 등 기계장비를 가동하여 광석을 끌어올렸다. 1909년에 건설된 기계식 중력 선광選鑛 공장(속칭 '세사대')는 중국 최초의 신식 비철금속 선광장으로 수작업으로 선광작업을 하기 어려운 납, 아연, 모래가 뒤섞인 혼합물을 처리할 수 있었다. 1912년, 수구산에서 송백까지 협궤철도가 놓였다. 1914년에는 1호 사갱 부근에 주요 통기 수갱인 2호 수갱이 굴진되었고, 이후에 사갱 3곳과 갱정 4곳이 차례로 개발되었다. 1917년에 광구 북동부에 있는 양자대梁子台에 일 생산량 2,000톤의 선광공장을 중건했는데, 산세를 따라 지어진 6단계의 계단식 설계로 된 공장이었다. 광석 분쇄기, 굴림 파쇄기, 원형 파쇄기, 회전식 스크린, 패닝 기계, 윌프 밀링머신 등 54대의 주요 설비를 갖추고 있었으며, 수동 기중기와 권양기를 이용하여 원사와 폐석을 운반했다. 이 선광공장은 당시 극동지역에서 가장 완벽한 설비와 최대 규모의 생산능력을 갖춘 납·아연 광산이었다. 이 시기에 수구산 납·아연 광산은 채광, 선광, 광물 운송의 기계화를 실현하고 생산량도 두 배로 증가했다.

20세기 초에 수구산 납·아연 광산은 납과 아연 제련소를 세우고 독자적으로 금속을 생산했다. 아연 제련공장으로 가장 널리 알려진 곳이 1905년에 설립된 송백 제련공장이다. 계양 지역의 땜질 장인들을 모아서 전통적인 방법으로 아연을 제련했다. 먼저 원형 배소로를 사용하여 황화아연광을 산화아연광으로 산화시킨 후에 광석과 석탄을 증류탱크와 가마에 넣고 석탄을 연료로 하여 제련했다(그림 9-1[1]). 이후 송백제련소는 아연 가격 하락으로 인한 적자로 문을 닫았다. 전통적인 방식의 아연 제련은 다량의 석탄 소비와 높은 원가 외에도, 배소기술이 뒤떨어져 모래만을 배소할 수 있었고 생산된 아연의 철 함량이 지나치게 높은 등 문제점들이 있었다. 1932년, 요식饒湜이 서양식 아연 제련소 건립을 준비하라는 명을 받고 1934년에 장사長沙 삼하기三漢磯에 호남 아연 제련공장을 세웠는데, 중국 최초의 서구식 아연 제련공장이었다. 이 공장은 횡열식 증류법(그림 9-2[2])을 채택했는데, 압력 분쇄, 세척, 배소, 증류 4단계로 나뉘어져 있었다. 무연탄을 환원제로 사용했고, 증류

---

1　「恢復松柏土法白鉛煉廠計劃書」참조, 원래 『礦業週報』(1930, 124호, pp.8-17)에 게재되었다.
2　水口山礦務局鉛鋅志編纂委員會, 水口山鉛鋅志(1896-1980), 1986, 내부자료.

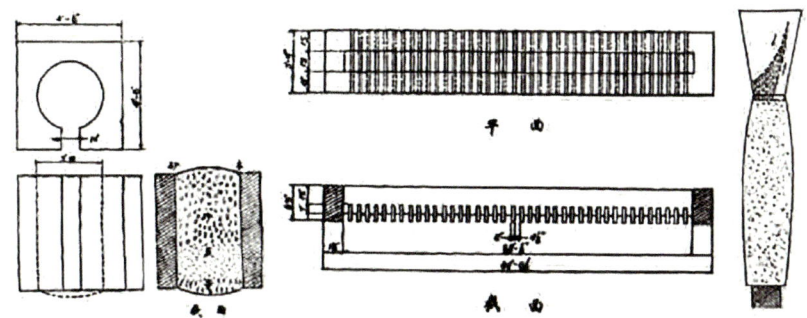

<그림 9-1> 1930년 『광업주보』에 실린 송백 아연 제련공장의 배소로, 제련로, 제련관 설명도

<사진 9-2> 1980년대 제4 제련공장의 횡열식 아연 제련로

를 할 때 분쇄된 재료를 노爐에 주입하여 시간 간격을 두고 작업이 이루어졌다. 노의 온도는 주기적으로 바뀌었다. 1974년, 아연 제련방식을 직립식 증류법으로 전환하여 비등식 배소, 폐가스를 활용한 산酸 생산, 수직형 증류관 등 3개의 공정으로 나뉘었다. 코크스 유연탄을 환원제로 사용했으며, 증류 시에 덩어리 형태로 재료를 주입하여 연속적으

로 작업을 진행했다. 노의 온도도 일정하게 유지했다. 1952년에 송백 아연 제련소, 즉 지금의 제4 제련공장이 완공되어 가동에 들어갔는데, 횡열식 증류법을 통해 아연을 정련하다가 1972년에 부분적으로 직립식 증류법으로 변경했다.

 1908년에 호남 흑연정련소가 장사長沙 남문 밖에 설립되었는데, 이것은 중국 최초의 서구식 흑연 제련공장이었다. 수석 엔지니어 강순덕江順德이 1909년에 미국으로 가서 설비를 구입하여 그 해에 들여왔다. 1910년 4월에 노가 가동되었다가 9월에 중단되었다. 1916년에 독일로부터 기술자를 초빙하여 기존의 설비들을 수리한 후 1917년 8월에 재가동했다. 이 공장의 납 제련은 굽기, 정련, 납 정련, 은 추출의 4단계로 나뉘었는데, 송풍식 노를 이용하여 납을 제련하고(사진 9-3[3]) 파커스 공법으로 납에서 은을 추출했다. 1944년에 가동이 중단되었다가 1952년에 재개되어 신중국 최초의 납을 정련해냈다.

 중화인민공화국 수립 후 수구산은 당시 중국에 세워진 최초의 9개 비철금속 제련공장 중 하나였으며, 여러 차례의 리모델링과 확장을 통해 기계화 수준이 크게 향상되었다. 1980년대에는 '상향 충전식 채광법'을 독자적으로 개발하여 채굴 후 산의 사면이 꺼지는 것을 방지하는 기술적 문제를 해결했다. 또한 'SKS 제련법', 즉 산화-용해-송풍로 환원 기술을 개발하여 납을 제련할 때 배출되는 폐가스 문제를 해결했다. 2004년에 호남 수구산비철금속그룹이 설립되었는데, 현재 수구산

---

3 湖南省有黑鉛煉廠 編印, 湖南省有黑鉛煉廠廠務彙刊, 湖南官紙印刷局, 1929, 礦石.

<사진 9-3> 호남성 흑연 제련소의 송풍식 노爐

납·아연 광산, 백방 구리 광산, 강가만 납·아연·금 광산 등 3개의 광산과 제2, 3, 4, 6, 8제련공장 등을 소유하고 있으며, 납, 아연, 구리, 금, 은, 베릴륨 및 기타 희소금속을 주로 생산하는 중형 비철금속 채굴, 정련 및 제련 합작기업으로 성장했다.

## 2. 현황

채광 및 절삭 기술의 세대교체와 광물자원 고갈로 인해 수구산 납·아연 광산의 일부 공장, 생산 라인, 광갱 및 지원 시설들이 점차 문을 닫았다. 현존하는 산업유산은 주로 채광 유적, 제련 유적 그리고 초기의 산업 건축물들이다.

그 중 채광 유적에는 주로 용왕산龍王山 노천 채굴장, 경사식 채굴장, 2호 및 5호 수갱 등이 있다.

용왕산 노천 채굴장(그림 9-4)은 송백진 용왕산에 위치해 있으며 한나라 때부터 유황광석과 은광석을 채굴하기 시작했다. 청나라 때에 유광용兪廣龍을 파견하여 채굴작업을 감독하게 했는데, 당시에 주로 납, 구리, 아연, 금, 은, 티타늄, 주석, 황, 철, 몰리브덴 등을 채굴했다. 1980년 10월, 기계화된 대규모 채굴이 시작되었다. 노천 채굴장이 있는 산의 낙차가 600m로 불규칙한 계단형 지형을 띠고 있으며, 각 단의 높이와 폭이 각각 8m와 4~6m이고, 최저부의 길이와 폭은 각각 280m와 35m, 최상부의 길이와 폭은 각각 400m와 200m이다. 노천 채굴장의 전체 면적은 80,000m²에 이른다. 지금도 채굴이 이뤄지고 있으며 전반적으로 보존 상태가 매우 양호하다.

경사 채굴장(억고융憶苦隆)은 수구산 납·아연 광산의 남동쪽에 위치해 있으며 1896년에 건설된 중국 최초의 서양식 납·아연 채굴광산이다. 이 광산의 갱구는 경사진 형태로 남쪽을 향하고 있으며, 광정으로 들어가서 좌측으로 돌아가다가 다시 우측으로 가면 가로 12m, 세로 60m, 높이 8m의 넓직한 휴식공간이 나온다. 갱 내에는 채굴 작업장, 저광조, 광주鑛柱, 충전 천정天井, 환기 천정, 경사로 및 기타 작업장들이 있다. 대바구니, 조명 도구, 망치, 철제 드릴, 대통, 목제 미끄럼대, 목재 사방형 지지대와 같은 전통적인 채광 도구가 다량 발견되었다. 억고융憶苦隆은 1968년에 나라사랑 교육현장으로 일반에 개방되었으며 조각작품, 공연장 및 기타 문화유물들이 보존되어 있다. 동굴에서 발생한 가스로 인해 동굴 입구가 무너져내렸다.

&lt;사진 9-4&gt; 용왕산 노천 채굴장
사진: 리윈시아 李雲霞

 2호 수갱과 5호 수갱은 수구산 납·아연 광산의 북서쪽에 위치해 있다(사진 9-5). 2호 수갱은 1914년에 건설되었으며, 납·아연 광산에서 채굴한 광석을 지상으로 끌어올리는 주 광정이자 중국 최초의 서양식 납·아연 수갱이다. 이 수갱은 처음에 경사 채굴장으로 개발되었다가 이후에 기술적 보완을 거쳐 풀방식 수갱으로 바뀌었으며, 1949년 채광작업이 재개된 이후 여러 차례 기술적 보완을 거쳐 현재까지도 주요 납·아연 광산으로 남아있다. 1957년에 건설된 5호 수갱은 풀방식 통로가 있는 신중국 최초의 납·아연 채굴 수갱이다. 이 갱은 2층 구조로 되어 있으며, 주 탄차와 부 탄차로 나뉘어 있다. 주 탄차는 채탄용, 부 탄차는 사람을 수송하는 용도로 쓰이며 현재도 사용되고 있다.
 그 중 주요 제련 유적은 노아소老鴉巢 제련 유적과 수구산 제3 제련

<사진 9-5> 2호 수갱(오른쪽)과 5호 수갱(왼쪽)
사진: 리윈시아李雲霞

소이다.

노아소 제련소는 노아소 동쪽 산중턱에 있으며(사진 9-6), 수천년에 걸친 채광과 광체 개발로 여러 곳이 매립되었다. 용왕산, 노아소, 아공당鴉公塘에서부터 반변가牛邊街까지 수십만 평방미터의 넓은 지역에 제련 슬래그, 탄분 및 기타 유적들이 광범위하게 분포해 있다.

수구산 제3 제련소의 원래 명칭은 '호남 흑연 제련소'였는데, 중국 최초의 서양식 납 제련공장이다. 이 공장은 2006년에 가동을 중단했다(사진 9-7, 9-8, 9-9). 공장에는 1950년대 이후의 소결로, 송풍로, 휘발 제련로, 전해 작업장, 초창기의 굴뚝 등 전체 생산라인과 작업장들이 보존되어 있어서 현대 납 제련기술의 전과정을 알 수 있다.

납·아연 광산은 또한 이전의 수구산 납·아연 광무국 사무처 옛터(그림 9-10), 홍색회당 옛터, 사무동, 초기 주거단지(원산촌, 민주촌), 전문

<사진 9-6> 노아소 제련 유적지 전경
사진: 리윈시아 李雲霞

<사진 9-7> 제3 제련공장
사진: 장닝 張寧

<사진 9-8> 제3 제련공장의 소결로 작업장
사진: 리윈시아 李雲霞

〈사진 9-9〉 제3제련공장 가장 초기의 송풍식 고로(위)
〈사진 9-10〉 수구산 납·아연 광무국 사무처(아래)
사진: 리윈시아 李雲霞

가동 옛터, 노동자병원 옛터, 극장 옛터, 노동자 이발소 옛터, 유아구劉亞球가 살았던 곳, 강한유 호텔 옛터, 수구산 노동자 간부 회의장, 수구산 노동자 비밀집회 장소, 수구산 노동자 구락부 창립 회의가 열렸던 곳(강가 공연장, 사진 9-11) 그리고 기타 혁명유적 등 민국 시기부터 중화인민공화국 수립 초기까지 수구산 납·아연 광산의 노동운동과 생활상들을 비교적 완전하게 간직하고 있다. 오랜 세월 동안 사람의 손이 닿지 않은 탓에 지붕누수, 건물 파손 등 시급한 수리와 보존이 필요하다.

## 3. 기술사적 가치

상녕 수구산 납·아연 광산은 청나라 말기에 정부가 운영하던 때부터 지금까지 120여 년의 역사를 가진 광산이자 근현대 중국에서 가장 중요한 납·아연 광산 중 한 곳이다. 초기에 전통 방식의 채광, 선광 및 아연 제련기술을 채택했기 때문에 중국 고유의 아연 제련기술 관련 실물자료를 다량 보유하고 있다. 또한 중국 최초로 납·아연 광석의 서구식 채광, 선광 및 제련을 실시했던 공장으로서, 중국 최초의 비철금속 광정, 최초의 기계식 선광장, 최초의 서구식 아연 정련소를 보유한 곳이기도 하다. 채광 유적, 제련 유적 및 초창기의 산업 건축물이 비교적 온전히 보존되어 있으며, 특히 제3 제련공장은 전통적인 납·아연 채굴장이 있어서, 납·아연의 채광, 선광 그리고 제련이 전통적인 수공업에서 근대 기술산업으로 변화해온 과정을 볼 수 있는 생생한 현장이다.

수구산 납·아연 광산 제련 유적은 2013년 제7차 국가중점문물보호

<사진 9-11> 수구산 노동자 구락부 설립회 옛터
시간: 리윈시아李雲霞

단위로 지정되었으며 현재 호남성의 문화 랜드마크 등재를 신청해 놓은 상태이다. 광산 및 제련 유적들이 일부 보존되고 있지만 관련 산업유산의 기술적, 역사적 가치에 대한 더욱 심도 깊은 발굴이 요구된다.

# 10

**계신啓新 시멘트공장**

## 1. 개요

청나라 말기 서구화 운동이 일어난 후 국내에 많은 공장들이 세워지고 군사軍事 부문 공사가 대거 추진되면서 시멘트 수요가 급증했다. 하지만 수입 시멘트의 가격이 비싸서 수급 불균형이 심각했다. 청 조정은 오늘날 하북성 당산시 도심지역에 중국 최초의 시멘트 공장인 계신啓新 시멘트 공장을 설립했다.

광서 15년(1889년), 당시 직예총독直隸總督 이홍장이 개평광업국 총책임자였던 당정추唐廷樞(1832~1892)에게 시멘트공장 설립 책임을 맡겼다(사진 10-1). 1891년, 당산 시멘투(초창기에 영어 cement를 음역한 발음) 공장이 세워졌는데, 이것이 계신 시멘트공장의 전신이다. 60묘의 부지에 세워진 이 공장은 당산 대성산大城山 남쪽 기슭에 있었는데, 입식가마로 시멘트를 생산했다. 일일 생산량이 30톤에 못미쳤으며, '사자'라

〈사진 10-1〉 당산唐山 시멘투 공장 요방窯房(1889)
사진출처: 중국 시멘트공업박물관

는 상표를 붙여 판매 되었다. 공장의 생산 설비가 낙후하고 원료토를 광동성 향산에서 운반해왔기 때문에 원가가 높은데 비해 품질이 좋지 않아서 막대한 손실을 겪다가 1893년에 생산중단 결정이 내려졌다.

1900년, 개평광무국의 주도하에 주학희周學熙(1866~1947)가 광산기사 이희명李希明을 관리자로 임명하고 독일인 한스 쿤데 Hans Kundare(1866~1947)를 기술사로 초빙하여 시멘트 공장을 재가동했다. 1906년에 기존의 가마를 폐기하고 공장에서 동쪽으로 500m 떨어진 곳에 새로 공장을 지었다. '계신양회유한공사'로 명명된 이 공장은 덴마크 스미스사로부터 회전가마와 일련의 부대 장비를 구입하고, '용마부태극도'라는 상표(사진 10-2, 10-3)를 사용했다. 1911년에 완공된 후 일일 700배럴의 생산 능력을 갖추게 되었다. 그 후 계신시멘트는 1922년과 1932년 두 차례에 걸쳐 자체적인 장비 제작과 장비 수입을 통해 기술력을 향상시켰고, 1932년에는 하루 5,500배럴의 시멘트를 생산하며 당시 중국 최대의 시멘트공장이 되었다.

또한 수익성을 높이기 위해 제품 유형을 지속적으로 확대했다. 1909년에는 기계식 벽돌공장을 세워 바닥타일, 점토벽돌, 내화벽돌 및

〈사진 10-2〉 계신양회유한공사 팻말
(현재 중국시멘트공업박물관에 소장되어 있다.)
사진: 황싱黃興

〈사진 10-3〉 '용마부태극도' 상표
사진출처: 중국시멘트공업박물관

<사진 10-4> 계신시멘트가 이탈리아 토리노박람회에서 우수상을 획득했다
사진출처: 중국시멘트산업박물관

유약타일을 생산했다. 1910년에 기계수리장이 설립되었는데, 1919년에는 덴마크 스미스사와 합작을 진행하다가 2년 후 지분을 인수하여 독자적으로 운영했다. 1924년, 서편의 분공장 운영을 쿤데에게 맡기고, 계신도자공장을 설립하여 도자기를 생산하다가 이후에 독립적으로 당산도자기공장을 세웠다.

1911년, 계신시멘트공장에서 만든 제품이 이탈리아 토리노박람회에서 우수상을 수상했다(그림 10-4). 1915년에는 파나마 국제대회 1등 상과 농상부 전국상품전시회 특별상을 수상했다. 1912년에 미국 로스앤젤레스에 10,000배럴 이상의 시멘트를 수출했는데, 이는 중국 최초의 시멘트 수출이었다. 1차 세계대전 발발 초기에 계신의 시멘트 판매량이 다소 영향을 받았지만 후에 빠르게 증가했다. 1919년 이전까지 계신은 중국에서 거의 유일한 시멘트공장이었다(호북 시멘트공장이 1907년에 설립되었지만 4년 후에 계신시멘트가 이 공장의 경영권을 인수했다). 이후 15년

〈사진 10-5〉 중국시멘트산업박물관 외관
사진: 황싱黃興

동안, 중국 국내에 화상 시멘트, 중국 시멘트, 광동 서촌 시멘트 등 시멘트 공장들이 새로 들어서며 계신과 치열한 시장경쟁을 벌였다.

1933년 5월부터 당산이 일본의 지배하에 들어가면서 중국의 행정권이 정지되었다. '7·7사변' 이후 일본 기업이 계신공장의 모든 제품을 강제로 일괄 매입했다. 1940년에 계신공장이 생산라인 하나를 증설했지만 운영이 악화되는 바람에 1945년 이후 중단해야 했다. 1948년 당산이 해방을 맞이한 이듬 해 계신시멘트도 차츰 생산을 재개했다. 1952년, 계신시멘트는 정식으로 국가경제계획에 편입되어 국가 주도의 일괄조달 방식으로 운영되다가 1954년에 민관협력이 시행되었다. '대약진'과 '문화대혁명' 기간 동안에 여러 차례 이름과 상표가 바뀌었다. 1976년 7월 28일, 당산에서 대지진이 발생하여 49,000$m^2$ 규모의 공장이 파괴되고 주요 설비 19대가 폐기되었으며 71대가 파손되었다. 계신시멘트공장은 원상회복에 나선지 한 달이 못되어 생산을 재개하고 당산의 재건을 지원할 수 있게 되었다. 1995년, 홍콩 자본을 도입하여 당산시멘트유한공사를 설립함으로써 합자회사가 되었다.

## 2. 현황

계신시멘트공장은 당산시의 '2차 산업 축소, 3차 산업 발전' 정책에 따라 2008년에 가동을 중단했다. 2011년, 공장이 있던 부지는 중국시멘트공업박물관으로 바뀌었다(사진 10-5). 이는 부지면적 115.06묘畝, 건축면적 69,000m²로 중국 최초의 시멘트산업 테마 박물관이다.

중국시멘트산업박물관에 계신시멘트의 많은 핵심장비와 주요 작업장이 보존되어 있다[1].

시멘트 가마는 시멘트 공장의 핵심 설비이다. 현재까지 남아 있는 시멘트 가마는 총5개로 4호~8호 가마인데, 1941년 이전에 덴마크로부터 구입하여(표 10-1) 현재 전시장에 보존되어 있다(사진 10-6~11).

<표 10-1> 계신시멘트가 외국에서 도입한 회전가마

| 설비명칭 | 규격 (내/외지름x길이) | 공칭 생산능력 | 실제 생산능력 | 제작 시기 | 구매 시기 | 제작사 |
|---|---|---|---|---|---|---|
| 4호 가마 | 02.1/02.436x45 m | 4.958 T/h | 5.63 T/h | 1910년 | 1911년 | 덴마크 스미스 |

---

[1] 朱文一, 趙建彤, 啓新記憶―唐山啓新水泥廠工業遺存保護更新設計硏究[J], 建築學報, 2010(12), pp.33-38.

| | | | | | | | |
|---|---|---|---|---|---|---|---|
| 5호 가마 | 02.1/02.436x45 m | 4.958 T/h | 5.69 T/h | 1910년 | 1911년 | 덴마크 스미스 | |
| 6호 가마 | 02.7/03.064x60 m | 9.208 T/h | 12.08 T/h | 1921년 | 1922년 | 덴마크 스미스 | |
| 7호 가마 | 03.0/03.366 x 60 m | 9.563 T/h | 14.26 T/h | 1921년 | 1922년 | 덴마크 스미스 | |
| 8호 가마 | 02.9x78 m | | 10.41 T/h | 1940년 | 1941년 | 덴마크 스미스 | |

*자료출처:중국시멘트산업박물관

    4호와 5호 가마는 1911년 덴마크 스미스사로부터 구입했다. 이때 보조설비인 분쇄기 2대, 원료 투입기와 조쇄기 각 1대, 혼합장치와 조쇄기 각 1대, 원료치장과 조쇄기 각 1대, 예열기와 소성로 등 설비를 함께 구입했으며, 시멘트 생산은 건식법을 채택했다. 완공된 해에 일 생산량 700배럴의 생산능력을 갖추면서 중국 최초로 회전가마를 이용한 시멘트 생산의 역사를 썼다. 해당 제품은 영국 헨리 피가사와 루손 과학기술연구원의 실험을 거쳤는데, 밀도, 강도, 응고, 팽창률 및 화학 성분 모두 영국과 미국의 기준을 초과했다. 1919년 중국 국내에서 계신의 시멘트 판매량이 92.02%를 차지하며 당시 중국 최대의 시멘트공장이 되었다.

    6호와 7호 회전가마는 1922년 덴마크 스미스사로부터 구입한 가마였는데, 실제 생산능력이 5호와 6호 가마의 2배에 달했다. 또한 신형 대형 분쇄기 2대, 원료투입기와 조쇄기 각 4대, 덴마크식 혼합장치 2대, 조쇄기 2대, 예열기 3대, 소성로 4대 그리고 기타 부대설비들을 구입했다. 전체 공장의 일일 시멘트 생산능력이 5,500배럴이었다

    8호 회전가마는 1941년 미국 기업으로부터 구입했으며, 이때 원료 분쇄기와 시멘트 분쇄기도 각 1대씩 함께 구입해 이듬해에 완공했다. 이는 당시에 중국에서 가장 앞선 회전가마이자 계신시멘트공장에서 가

<사진 10-6> 4호 회전가마
사진: 황싱黃興

<사진 10-7> 5호 회전가마
사진: 황싱黃興

<사진 10-8> 6호 회전가마
사진: 황싱黃興

〈사진 10-9〉
7호 회전가마
사진: 황싱黃興

〈사진 10-10〉
8호 회전가마
사진: 황싱黃興

〈사진 10-11〉
회전가마 작업장 외관
사진: 황싱黃興

<사진 10-12> 발전소 옛터(1930년대 건립)
사진: 황싱黃興

장 큰 가마이기도 했다.

　계신시멘트의 구 공장건물에는 시대별로 세워진 여러 작업장과 설비들이 여전히 남아있다. 당시에 세워진 발전소(사진 10-12), 1호와 2호 가마(1930년대에 목욕탕으로 개조되었다), 목조 승강장(사진 10-13, 10-14), 시멘트 창고(사진 10-15), 냉각로, 슬래그 창고, 원료분쇄작업장, 석탄분쇄작업장, 가공공장 등이 모두 중국시멘트산업박물관 역내에 자리하고 있으며, 모두 중요한 역사, 문화적 가치를 지닌 유산들이다.

　그 중에서 발전소는 전시장 북쪽에 위치해 있다. 광서光緖 32년부터 선통宣統 3년(1906~1911)에 이곳에 1,000마력의 2단 수평형 증기기관을 설치했다. 이 설비는 수동으로 석탄을 보충하고 열수관이 설치

<사진 10-13> 기차역 목조 승강장 (1920년대 건립)
사진: 황싱黃興

<사진 10-14> 자동차와 말 승강장 (1920년대 건립)
사진: 황싱黃興

되어 있지 않아서 효율이 매우 낮았다. 선통 2-3년(1910~1911)에 회전가마를 증설한 뒤 독일 지멘스로부터 1,260kW 발전기를 도입했고, 1922년에는 아메리칸 일렉트릭의 터빈 발전기와 보일러 5대를 구입했다. 재정적 어려움과 기존 발전용량 부족으로 인해 개난탄광으로부터 공급을 받아야 했다. 1926년에 독일에서 제작된 6,000kW 터빈발전기를 구입했는데, 이 발전기는 가마에서 나온 잔열을 사용하여 증기를 생산했다. 1933년에 다시 독일로부터 10,000kW 터빈발전기를 구입했다. 마침내 25Hz와 50Hz의 발전능력을 갖춘 종합발전소를 구축하고, 개난탄광의 25Hz 송전망과 연결하여 전기를 생산하게 되었다.

## 3. 기술사적 가치

계신시멘트공장은 중국 최초의 시멘트공장으로 청나라 말기부터 21세기 초까지 오랜 기간 동안 중국에서 시멘트업계 1위를 고수하며 중국의 근현대 광산업, 운송, 건설 등 산업발전을 강력히 뒷받침해왔다. 중국의 근현대 시멘트 산업 발전사에서 특별한 위치를 점하고 있다.

서양으로부터 장비와 인재를 도입하여 공장을 세우고 성장해온 과정은 중국 근현대의 산업과 기술 발전의 축소판이자 큰 상징성을 지닌다. 현재 이곳에 있는 1910년대부터 1940년대에 만들어진 회전가마와 기타 부대설비들이 근대 중국의 시멘트산업 및 기술의 형성과 발전 연구에 귀중한 정보를 제공해준다.

현재, 중국 유일의 시멘트산업 테마박물관이 옛 부지에 건립되어

<사진 10-15> 시멘트 저장고
사진: 황싱黃興

주요 공장과 생산설비들이 보존되어 있어서, 국가의 산업유산 보호사업의 대표적인 사례로 꼽힌다. 어떻게 이곳의 기술사적 가치를 더욱 깊이 탐구하여 보다 풍부한 양질의 제품과 서비스를 제공할 것인가, 그리고 다양한 방안을 통해 이곳의 사회적 가치를 실현할 것인가에 대한 깊은 고찰이 있어야 할 것이다.

# 11

## 남통南通 대생大生
## 방직공장

## 1. 개요

중일전쟁 이후 일본을 비롯한 서양열강들이 앞다퉈 중국에 공장을 설립했다. 이에 따라 자력으로 공장을 세우려는 중국인들의 노력이 한층 뜨거웠다. 이러한 상황에서 청나라 조정도 백성들이 산업 발전에 적극 나설 것을 장려하는 정책을 발표했다. 양강梁江 총독 장지동張之東이 한림원의 집필 장건張謇을 통주에 파견하여 이곳의 상무를 총괄하는 책임을 맡겼다. 통주通州는 면화가 풍부하고 수공업 직조 농가가 많아서 방적에 좋은 조건을 갖춘 곳이었다. 이에 장건이 1899년에 통주에 방적 공장을 세우고(사진 11-1), 회사명을 '대생'이라 짓고 총관리자에 취임했다. '대생'이라는 회사명은 『주역·계사』에 나오는 '천지대덕왈생天地之大德曰生(하늘과 땅의 위대한 덕은 낳고 살리는데 있다는 뜻_역자주)'이란 글귀에서 가져왔다.

창업 초기에 대생방직은 정부 소

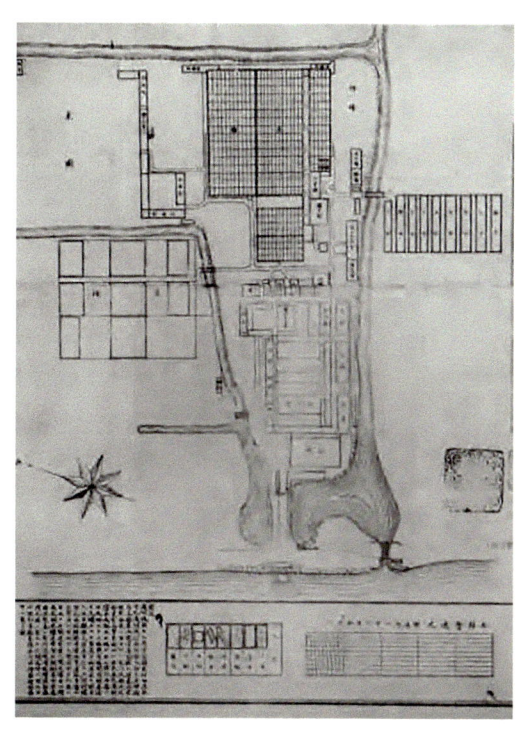

<사진 11-1> 대생방직공장 초창기의 평면도
사진출처: 남통방직박물관

〈사진 11-2〉 소면기의 외관
사진: 수쉬엔蘇軒

유의 유휴 방적기를 사용했는데, 이것은 장지동이 호북방사국 설립을 준비하던 때에 구입한 영국 헤더링턴 사(그림 11-2)의 방적기(그림 11-2)로 방추 20,400개가 달린 방적기였다(정부가 25만 냥 조달). 또한 17만 냥이 넘는 자금을 별도로 조달하여 장비의 설치와 유지관리를 위해 영국인 기술자 토마스와 방적기 기술자 터너를 고용하고, 조면, 타면, 직조, 릴링, 포장 등 5개 공장을 만들었다. 그리고 엔진, 수리 및 유지 보수 작업장, 화덕 및 기타 작업장을 갖추었다. 원사 공장은 통주 지역에서 생산되는 면화를 사용하여 10수, 12수, 14수 및 기타 굵은 원사를 생산했다. '실의 색이 매끄럽고 균일하여 강소, 상해, 절강, 호북의 열다섯 공장 중 으뜸'으로 꼽혔다. 상표 '괴성魁星(북두칠성의 첫째 별의 이름이자 중국의 신화에서 문장의 성쇠를 주관하는 신의 이름이다. 과거이 장원을 가리키는 의미로도 쓰인다._역자주)'은 최고가 운영하는 기업이라는 것을 상징했다.

20세기에 접어들자 대생방직은 기민하게 영국, 미국 및 여러 나라로부터 기계설비를 도입하고, 제2공장, 제3공장을 세우는 등 사업영역을 정방, 직조 및 기계 제작, 면화 품종 개량으로 확장했다. 또한 1912년에는 중국 최초의 면방직 기술학교인 대성방직훈련소(난통대학교 방직학과의 전신)를 세웠다. 장건은 1904년에 숭명崇明 외사外沙에 대생 2공장 건설 계획을 세우고 영국으로부터 방추 26,000개를 들여왔다. 1906년에 설립된 자생기기제조공장은 영국, 일본 등의 직조기, 개면기, 경사기, 와인더, 소모기 부품 등을 모방하여 설비를 제작했다. 방적 원료와 설비 증대를 통해 대생방직은 16수, 20수, 32수 등 다양한 굵기의 방적사를 생산할 수 있게 되었고, 광동, 강서, 사천, 천진 등 지역으로 제품을 판매했다.

1952년, 민관 공동 경영체제를 확립한 후에 기술혁신을 통해 높은 생산성을 실현했고, 개혁개방 시기에는 외국의 선진기술과 기계장비를 신속히 도입했다. 1995년 10월에는 회사명을 강소대생그룹으로 변경했다.

## 2. 현황

대생방직의 산업유산으로 주로 방직 기계설비, 작업장 및 기타 건물이 있다.

남통방직박물관이 19세기 후반부터 1930년대까지 직조기계와 설비를 수집했는데, 그 중에는 1895년에 제작된 소면기 1대(그림 11-2), 연

<사진 11-3> 드로잉기
사진: 수쉬엔蘇軒

조기 3대(그림 11-3), 1895년에 제작된 1라인, 2라인, 3라인 조방기 각 1대(사진11-4), 1895년에 제작된 릴링머신 2대가 있었다(사진 11-5). 3대의 연조기 중 2대는 1895년에, 1대는 1921년에 제작된 것이다. 이 기계들은 모두 영국 맨체스터의 헤더링턴HETHERINGTON & SONS LTD. MANCHESTER에서 제작되었다. 그리고 1921년에 영국 하워드&벌로 HOWARD & BULLOUGH LTD. ACCRINGTON. MANCHESTER에서 제작한 링 정방기 2 대도 있었다(사진 11-6). 직기는 다음과 같다: 1914년에 자생기기제조공장이 모방 제작했던 4대의 영국 헨리직기(사진 11-7)는 대생방직이 초창기에 외국으로부터 수입한 설비를 모방 제작한 중요한 유물이다. 이 가운데 1대는 1932년에 일본 토요타 직기 제조사 TOYOTA AUTOMATIC LOOM MANUFACTURE FACTORY가 만든 자동 위빙 직기이고(사진 11-8), 3대는 중국방직기기제조사가 이를 모방하여 만든

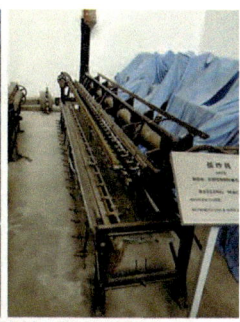

<사진 11-4> 조방기(1라인, 2라인, 3라인)
사진: 수쉬엔蘇軒

<사진 11-5> 와인더
사진: 수쉬엔蘇軒

<사진 11-6> 링 스파이닝
사진: 수쉬엔蘇軒

<사진 11-7> 자생기계제조공장이 모방 제작한 헨리 직조기
사진: 수쉬엔蘇軒

<사진 11-8> 토요타 자동 위빙직기  
사진: 수쉬엔蘇軒

<사진 11-9> 중국방직기기제조국이 모방 제작한  
표준식 직조기  
사진: 수쉬엔蘇軒

<사진 11-10> 남통 방직박물관의 타면기 작업장  
사진: 수쉬엔蘇軒

표준식 직기이다(사진 11-9).

    대생방직의 건축 유산은 주로 혼타면 작업장, 사무동, 전문가 근무동 그리고 종루가 있으며, 이들은 모두 대생그룹 내에 자리해 있다.

    1898년 12월에 세워진 타면기 작업장은 부지 500m² 위에 벽돌과

<사진 11-11> 공사청 건물
사진: 수쉬엔蘇軒

목재로 만든 톱니형 구조의 동향 건물이다. 영국인 건축가가 설계를 맡고 상해 조협순曹協順 건설사가 건축했는데, 이 공장은 남통에서 현존하는 가장 오래된 근대 공장이다. 외벽을 리모델링한 것 외에 기본적으로 원래의 모습을 간직하고 있다. 남통방직박물관은 공장 도면 한 장을 토대로 타면기 작업장을 그대로 본떠 만들었다(사진 11-10).

공사청(사진 11-11)은 방직공장 관리부서가 있었던 사무동으로 장건 등 직원들이 건물의 위층에서 업무를 보고 생활했다. 1900년에 만든

<사진 11-12> 전문가동
사진: 수쉬엔蘇軒

벽돌과 목조로 된 2층의 남향 건물이다. 건물의 너비가 23.8m, 건물 앞에서 뒤까지 깊이는 14m이다. 현재 이곳은 '대생방직공장역사관'으로 사용되고 있으며, 아래층 홀에는 장건의 스승 옹동화翁同龢가 쓴 대련이 걸려있다.

樞機之發動乎天地, 중추가 발동하니 천지를 흔들고

衣被所及遍我東南 의복과 이불이 나의 동남쪽에 두루 미치리

    공사청 내에 손에 붓을 들고 황금거북을 밟고 서있는 대생방직의 상표 '괴성魁星' 조각상이 있다. 안뜰 중앙에는 장건의 동상이 있다. 공사청 바로 옆에 전문가동(사진 11-12)이 있는데, 기계설비를 담당했던 영국 전문가들이 생활하던 곳으로 1897년에 벽돌과 목재로 지어진 면적 378㎡의 2층 건물이다.
    종루(사진 11-13)는 대생그룹 입구에 있으며, 1915년에 건립된 높이 22.8m, 5층 구조의 건축물이다. 원래는 공장의 문루였는데, 5층에 걸린 영국 사업가들이 선물로 준 기계식 시계가 출퇴근 시간을 알려주었다. 지금도 시간을 알려준다.

## 3. 기술사적 가치

    대생방직은 청나라 말기에 민족자본으로 탄생한 방직기업의 대표 주자로서 중국 근대 기술사와 산업사에서 중요한 위치를 차지한다. 작업장 등 건축물과 남통방직박물관에 보존되어 있는 방직기계와 설비는 20세기 전반의 방직산업과 기계방직 기술의 발전수준을 보여주며, 외국 방직기술의 중국 이전과 현지화 과정의 축소판이다. 박물관 내에는 남통방직전문학교의 학생증, 졸업증서 그리고 정기간행물 등 귀중한 자료들이 보존되어 있다. 이는 중국의 근대 섬유기술교육 발전의 생생한 증거이다.

<사진 11-13> 종루
사진: 수쉬엔蘇軒

　　작업장 건물과 기타 건축 유적이 2006년에 제6차 국가중점문물보호단위로 지정되었다. 남통방직박물관이 대생그룹과 협력하여 일부 기계설비를 실제 생산공정별로 전시할 수 있다면 더 나아가 실제로 재가동할 수 있다면, 당시의 방직기술과 생산과정을 더욱 효과적으로 보여줄 수 있을 것이다.

12

양수포楊樹浦 정수장

## 1. 개요

상해 양수포정수장은 1881년 8월에 공사를 시작하여 1883년 8월 1일 완공과 동시에 용수를 공급했다. 이곳은 상해시 상수도 시북市北 유한공사 관리하에 있으며, 중국 최초로 지표수를 수원으로 하는 최대 규모의 정수장이다(사진 12-1).

19세기 후반 상해시의 용수공급이 주로 하천에 의존하던 시기, 물지게꾼들이 황포강과 소주강에서 물을 길어다가 길을 지나가며 "물이요!"를 외치면서 물을 날랐다. 물에 침전물이 들어 있었기 때문에 명반으로 저어 가라앉힌 다음에야 마실 수 있었다. 외국계 은행, 상사, 기업들이 상해로 들어오고 인구가 증가하면서 생활용수 공급이 점점 더 어려워졌다.

외국계 상인들이 수도시설과 정수장 건설에 앞장섰다. 1860년, 미국 기업 러셀Russell & Co.이 외탄에 상해 최초로 깊이 78m의 우물

〈사진 12-1〉 양수포정수장
사진출처: 『歷史逑說故事-上海自來水行業歷史篇』

을 파서 회사 내부적으로 사용했다[1].
1872년, 상해 최초의 민간상수도회사 '사누수행沙漏水行'이 설립되었다. 이 회사는 송강로 6호(현 연안동로 북쪽)에 있었는데, 양경병洋涇浜(황포강 지류_역자주)이 지나가는 곳이었다. 1875년 3월, 그룸F.A.Groom, 리뜰레A.I.Litlle, 워터스W.I.Waters 그리고 추위지邱渝記 4명이 중국 최초의 정수장을 세웠는데, 공모금이 은3만 냥에 달했던[2]

〈사진 12-2〉 상해 상수도유한공사 건물
사진출처: 『歷史述說故事-上海自來水行業歷史篇』

이 공장이 양수포(지금의 양수포정수장 남쪽 구역)에 있었다. 홍구虹口에서 동쪽으로 3, 4리 밖에 있었던 정수장의 저수지는 1880년까지 운영되다가 영국상해상수회사에 인수되었다. 1880년 11월 2일, 상해상수도유한공사가 정식 설립되어(사진 12-2) 정수장 건설계획에 착수하고 런던에 사무소와 이사회를 설립했다[3]. 정수장은 영국인 감독하에 양수포의 옛 정수장 부지에 건설되었다. 매일 6,819m³의 용수를 수도관을 통해 영국 조계지, 홍구 조계지, 프랑스 조계지, 정안사

〈사진 12-3〉 강서로와 홍콩로 입구에 있었던 급수탑 외관
사진출처: 『歷史述說故事-上海自來水行業歷史篇』

---

1. 朱新軒, 王順義, 陳敬全, 見證歷史, 見證奇蹟:上海科學技術發展史上的百項第一 [M], 上海, 上海科學技術出版社, 2015, pp.43.
2. 周建芬, 保供水[M], 杭州, 浙江工商大學出版社, 2014, pp.42.
3. 上海租界志編纂委員會 編, 上海租界志[M], 上海, 上海社會科學院出版社, 2001, pp.379-388.

그리고 주변 지역에 공급할 수 있었다.

양수포정수장은 1881년에 착공되어 1883년 6월에 정수장, 급수탑, 영국 조계지까지 직통하는 길이 9.7km, 직경 508mm의 수도관 그리고 정안사로 이어지는 길이 1.6km, 직경 203mm의 수도관을 완공했다. 주요 설비와 주철 수도관은 모두 12만 파운드의 비용을 들여 영국에서 들여왔다. 지속적인 물 공급을 위해 영국 조계지의 중심 강서로와 홍콩 교차로에 682m³ 용량의 거대한 급수탑을 건설했다(사진 12-3). 1883년 8월 1일, 북양상무대신 이홍장이 양수포정수장을 방문하여 직접 수문을 열었다. 이날 양수포정수장이 정식으로 주민들에게 물을 공급했는데, 15만 명의 주민들이 처음으로 수돗물을 마시게 되었다.

양수포정수장은 도시 건설에 발맞춰 1887년부터 지속적으로 물 생산 설비를 확충했다. 여과조, 정수조, 취수구를 증설하고 신갑로新閘路에 새로이 급수탑을 건설했다. 1887년의 일일 용수 공급량이 7,740m³에 달하면서 원래 정수처리장의 설계 용량을 초과했다. 20세기 초부터 양수포정수장은 계속해서 늘어나는 물 수요로 공급면에서 심각한 압박에 직면했다. 이에 점차적으로 주변 토지를 매입하고 물 생산 설비를 추가로 확장했다. 또한 수질정화기술 개선, 효과적인 기술관리를 통해 물 공급 지역을 확대했다. 일일 용수 공급량이 1904년 20,000m³, 1921년 100,000m³, 1931년 200,000m³를 넘어서며 극동지역에서 최대 규모의 현대식 정수장이 되었다[4].

---

4   朱新軒, 王順義, 陳敬全, 見證歷史, 見證奇蹟: 上海科學技術發展史上的百項第一 [M], 上海, 上海科學技術出版社, 2015, pp. 44-45.

1941년 12월, 일본군이 양수포정수장을 점령하고 '화중수력발전유한공사'를 설립했다. 항일투쟁에서 승리한 후 상해상수도유한공사가 영업을 재개하고 양수포정수장도 영국계 회사로 가동을 재개했다. 이때 일일 물 생산량이 약 463,000m³였다. 1952년 11월에 상해인민정부에 의해 수용된 후, 같은 해 12월에 상해상수도공사로 이름이 변경되었고 양수포정수장도 산하 정수장이 되었다.

## 2. 현황

　양수포정수장의 현존 유적은 주로 정수장 건물, 생산시설 그리고 기록보관소 세 부분이다. 이 가운데 정수장 건물이 가장 잘 보존되어 있다. 건물들은 모두 벽돌콘크리트 구조와 통일된 건축 양식의 2, 3층 건축물로 내화벽돌로 만들어진 벽체에 붉은 벽돌이 띠를 두르듯 상감되어 있다. 시멘트로 만든 벽체의 창틀, 중간과 지붕 부분이 벽에서 돌출되어 있다. 건축물의 모퉁이에 있는 시멘트로 만든 우석隅石이 영국의 성곽 건축 양식을 보여준다. 1928년에 만들어진 정수장의 정문이 지금도 당시의 모습을 간직하고 있다(사진 12-4).

〈사진 12-4〉 1928년에 만들어진 영국 고딕양식의 경비실과 정문
사진출처: 양수포정수장 기념책자

생산설비 측면에서 초기의 양수포정수장은 주로 침전지 2곳, 완속여과기 4대, 청수지 1곳, 증기보일러 3대(사진 12-5), 양수펌프 등이 있었다. 양수포정수장은 원래의 부지에서 여전히 운영되고 있으며, 지금의 생산설비는 1978년 이후 진행된 기술혁신의 결과물이다(사진 12-6~9). 1호와 7호 침전지를 제외하고, 100년 된 다

〈사진 12-5〉 대강당(1928년에는 증기고로실이었다.)
사진: 싱하오邢好

〈사진 12-6〉 정수장의 저수지
사진: 싱하오邢好

<사진 12-7> 침전지의 출수구
사진출처: 백년공장-양수포정수장

<사진 12-8> 원수관
사진출처: 백년공장-양수포정수장

생산설비 측면에서 초기의 양수포정수장은 주로 침전지 2곳, 완속여과기 4대, 청수지 1곳, 증기보일러 3대(사진 12-5), 양수펌프 등이 있었다. 양수포정수장은 원래의 부지에서 여전히 운영되고 있으며, 지금의 생산설비는 1978년 이후 진행된 기술혁신의 결과물이다(사진 12-6~9). 1호와 7호 침전지를 제외하고, 100년 된 다

〈사진 12-5〉 대강당(1928년에는 증기고로실이었다.)
사진: 싱하오邢好

〈사진 12-6〉 정수장의 저수지
사진: 싱하오邢好

<사진 12-7> 침전지의 출수구
사진출처: 백년공장-양수포정수장

<사진 12-8> 원수관
사진출처: 백년공장-양수포정수장

<사진 12-9> 여과지
사진출처: 백년공장-양수포정수장

<사진 12-10> 상해 수도물 과학기술관
사진출처: 백년공장-양수포정수장

<사진 12-11>
상해 수도물 과학기술관 내에 있는
사진 '역사의 발원지'
사진: 싱하오邢好

<사진 12-12>
양수포정수장 기록 사진

른 여러 침전지들이 1970년대에 성공적으로 리모델링되었다. 2004년에 반응 침전지 10곳, 급속 여과지 3곳, 127호, 128호, 129호, 동구東區 등 완속여과지를 설치했다. 이외에도 정수탱크 7대, 배출펌프실 5개, 염소첨가, 암모늄 첨가, 고전압 및 저전압 배전실 등 설비도 갖추었다. 2015년 말에 부분적으로 시설과 장비를 추가로 도입했다.

2003년 말, 양수포정수장은 기존의 건물을 상해수도물과학기술관으로 리모델링하고(사진 12-10), 실물, 사진(사진 12-11), 기록물, 지형 모형, 시뮬레이션, 현장 영상 등 전시를 통해 120년여 년 동안 발전해온 역사를 대외에 알리며 기술과 산업문화를 전파하는 역할을 해오고 있다. 2012년 12월, 양수포정수장과 관련 기관의 기록물들이 상해시립기

<사진 12-13> 양수포정수장 건물
사진: 싱하오邢好

록보관소로 이관되었다. 중국 최초로 지표수를 수원으로 한 용수공급장으로서, 이곳의 역사적 변혁, 생산 기술, 관리 및 운영 등 상황이 담긴 많은 기록물과 풍부한 내용들이 중요한 가치를 간직하고 있다(사진 12-12)[5].

## 3. 기술사적 가치

양수포정수장은 중국 근대기 상수도산업의 효시로서, 근대에 상수

---

5  魏鬆巖, 楊樹浦水廠檔案接收記[J], 中國檔案, 2013(4), pp.72-74.

도기술이 중국에 도입되어 자리 잡기까지의 역사와 상해의 발전에 기여해온 모든 과정을 목도했다. 2013년 5월, 양수포정수장은 국가중점 문물보호단위로 지정되었고, 상해시 포강浦江 종합개발 및 중점보호단위로 선정되었다. 정수장 건축물들은 상해의 전형적인 근대건축 유적이다(사진 12-13). 이곳의 기록물들은 중국의 상수도사업과 기술사를 연구하는 귀중한 자료이다.

양수포정수장은 지금도 상해의 양포, 홍구虹口, 보타普陀, 갑북閘北, 보산寶山 5개 지역의 200만 시민들에게 생활용수와 공업용수를 공급하고 있으며, 일일 물 공급량이 148만m³, 연간 공급량은 4억m³이다. 이는 상해시 전체 물 공급량의 10%를 차지하며, 전체 공급용수의 4분의 1이 EU 의 수질기준을 충족한다. 산업과 기술적 관점에서 독특한 경관을 이루며 지금도 가동되고 있는 정수장의 기계설비, 생산시설 그리고 건축물들에 대한 적절한 보존과 정기적인 유지관리가 요구된다.

# 13

## 석룡파石龍坝 발전소

## 1. 개요

청나라 말기에 건설된 석룡파발전소는 중국 최초의 수력발전소로서 중국에서 수력발전에 의한 전력 생산의 시발점이었다.

석룡파발전소는 곤명昆明 서쪽 교외의 당랑천螳螂川에 위치하고 있는데(사진 13-1), 청나라 광서 34년(1908)에 착공되었다. 당시에 전월滇越 철도(곤명과 베트남 하이팡을 잇는 철도_역자주)를 건설 중이었던 프랑스가 청나라 조정에 전지滇池 호수의 하류인 당랑천에 수력발전소 건설을 허가해 줄 것을 요청했다. 그러나 청 조정은 프랑스의 요청을 거절

〈사진 13-1〉 당랑천螳螂川
리샤오천李曉'쑨

〈사진 13-2〉 석룡파발전소의 인수로

하고 자체적으로 발전소를 건설하겠다고 밝혔다. 곤명의 대상大商이었던 왕소재王筱齋가 민간의 자금조달에 앞장섰는데, 후에 실제 공사비가 60만 위안이 넘었다[1]. 곤명 당랑천에 자리를 잡은 이 발전소는 '민영 요용耀龍 전등電燈 공사'라는 이름으로 운귀총독 이경의李經義로부터 승인을 받았다.

독일 엔지니어들이 설계와 감독을 맡았는데, 주요 기술인력으로 수력 엔지니어와 전기 엔지니어가 있었다. 석룡파의 뛰어난 지리적 환경을 본 독일 엔지니어들이 이곳에 발전소를 짓기로 결정했다. 1910년 7월에 착공되었는데, 인수로(사진 13-2)의 길이가 1,480m, 최대낙차는

---

[1] 雲南省志編纂委員會辦公室, 續雲南通志長編, 下冊, 1985, pp.339.

〈사진 13-3〉
첫 번째 수력터빈(독일 제품, 240kW)
사진: 쉬딩딩徐丁丁

〈사진 13-4〉
240kW 발전설비의 세부 장비
사진: 리샤오천李曉岑

〈사진 13-5〉
첫 번째 수력터빈에 부착된
하르코르트사의 명패
사진: 쉬딩딩徐丁丁

32m였다. 단일 설비용량 240kW의 발전기 2대가 설치되어 총 발전용량이 480kW였다. 2대의 수력터빈은 독일 기업 호이트J.M.Voith 제품으로 1910년에 도입되었다(사진 13-3, 13-4). 발전기와 기타 전기설비는 독일 지멘스-슈커트Siemens-Schukert Werk로부터 구입했는데 독일 하르코르트사가 구입 임무를 맡았다(사진 13-5). 수십 톤에 달하는 장비가 바다를 통해 베트남 하이퐁으로 운반된 후, 전월 철도를 거쳐서 곤명으로 운송되었다. 1912년 5월, 첫 번째 발전설비에서 생산된 전력 23kV가 송전선을 통해 32km 떨어진 곤명에 공급되었다. 발전소는 초기에 계속 적자를 겪다가 1916년 이후 흑자로 돌아섰다. 1923년과 1945년에 두 번째와 세 번째 설비를 건설하여 총 설비용량이 2,920kW에 달했다. 석룡파발전소는 생활과 산업생산에 필요한 전력 공급, 홍수 조절, 당지호수의 수위 조절 그리고 농업관개에 중요한 역할을 담당했다.

석룡파발전소는 운남지역의 민족자본을 투입하여 건설한 최초의 근대기업으로 중국 최초의 수력발전소였다. 세계 최초의 수력발전소에 비해서도 불과 30년 밖에 뒤지지 않았다.

## 2. 현황

석룡파발전소에는 4개의 발전실이 있다. 제1발전실은 1910년에 건설된 최초의 발전소로 보존이 잘 되어 있다(사진 13-6, 13-7). 최초로 도입한 240kW 발전기 두 대가 여러 곳을 전전했는데, 그 중 한 대를 1987년에 석룡파발전소가 다시 구입하여 재설치했으며, 오늘날까지

<사진 13-6> 1910년에 지어진 제1 발전실의 외관
사진: 리샤오천李曉岑

전기를 생산하고 있다(사진 13-3, 13-4). 다른 한 대는 여전히 윈난성 동쪽 부원현富源縣 황니강 수력발전소에 설치되어 있다. 이 두 발전기가 중국 최초의 수력발전 터빈이다.

제2발전실은 1923년에서 1926년 사이에 건설되었는데, 석룡파수력발전소의 첫 확장계획으로 증설한 설비이다. 첫 번째 발전실에서 나온 방류수를 새로 건설한 400m 우회수로를 통과하도록 만들어서 낙차 16m를 확보하고, 독일 지멘스사가 제작한 276kW 2대와 448kW 수력 발전기 1대를 설치하여 1926년 3월에 가동했다. 현재 건물은 그대로

<사진 13-7> 제1발전실의 내부 모습

보존되어 있으나 당시의 설비들은 더 이상 존재하지 않는다.

제3 발전실은 1942년에서 1946년에 증설되었다. 당시에 치열한 항일전쟁으로 장비를 곤명으로 운송할 수가 없었기 때문에 기존의 제1발전실에서 해체되어 유휴 상태로 있던 240kW 발전기 2대를 수리하여 제3발전실에 설치했는데, 지금까지 남아있다.

제4 발전실은 1949년 5월 이후에 건설되었다. 스위스에서 제작된

3,000kW 수직축 프란시스 터빈이 1954년 12월 31일에 설치되어 가동에 들어갔다. 또한 국산 3,000kW 발전장비가 설치되어 1958년 6월 28일에 생산에 들어갔다. 발전실과 설비들이 지금도 남아있다.

## 3. 기술사적 가치

석룡파수력발전소는 중국이 외국으로부터 기술과 장비를 도입하여 수자원을 개발하고 전력을 생산한 시발점이었다. 100여년 전에 도입된 발전기가 오늘날까지 당랑천에서 쉼없이 가동하며 운남지역 경제발전에 기여하고 있는 명실상부한 전력산업의 유산이다. 수력터빈, 발전장비, 발전실, 제방 등 유물이 발전소의 중요한 상징이다.

곤명 석룡파발전소는 2006년 국무원의 승인을 거쳐 국가중점문물보호단위로 지정되었으며, 2018년에는 공업정보화부에서 선정한 중국 최초의 산업유산 보호목록에 올랐다. 높은 기술사적 가치를 지닌 석룡파수력발전소 박물관이 건립되어 전력 발전, 문화유산 보존, 교육 및 관광을 아우르는 종합발전소로 거듭나고 있다.

# 14

양수포楊樹浦 발전소

## 1. 개요

양수포발전소는 상해시 동쪽 양수포로 2800호에 자리하고 있으며, 남쪽으로는 황포강 북쪽으로는 양수포로, 동쪽은 복흥도復興島, 서쪽은 양포대교와 접해 있는 중국에서 가장 오래된 발전소 중 하나이다. 1911년에 세워진 이 발전소는 원래 상해 공공조계 공부국 전기처에서 운영하던 강변 발전소였다. 여러 차례의 증설을 거쳐 1923년에 설비 용량이 121,000kW에 달하면서 극동 지역에서 가장 큰 화력 발전소가 되었다.[1]

1929년, 공부국 전기처가 모든 자산을 미국 일렉트릭의 자회사인 극동전력에 매각하면서 전기처가 양수포발전처로 개편되었다. 1941년 12월 8일, 태평양 전쟁이 발발하자 일본군이 조계지를 점령하고 발전소를 관리했다. 이때 발전소의 이름이 '화중 수력발전공사 상해전기지점'으로 바뀌었다. 1945년에 발전소가 미국 기업에 반환되었다. 1949년 중화인민공화국이 수립될 때까지 발전소의 총 설비용량이 198,500kW에 이르며 상해시 발전용량의 76.46%, 전국 발전용량의 10.73%를 차지했다. 1950년 2월 6일, 국민당 공군이 상해를 폭격할 때 발전소가 심각한 타격을 입고 한때 거의 마비되었다. 같은 해 12월 30일, 중국인민해방군 상해시 군사통제위원회가 명령을 받아 미국 기업 소유의 상해전력공사에 대해 군사통제권을 시행했다. 1954년에 군

---

[1] 馬致中, 楊樹浦發電廠今昔[J], 中國電力企業管理, 2000(03), pp.15-16.

<사진 14-1> 양수포발전소 정문
사진: 장쉬에페이張雪飛

사통제가 종료되었다. 1958년에 상해양수포발전소로 명칭이 바뀌었다. 1998년, 상해전력이 조직개편을 단행하고 발전소 이름을 상해전력유한공사 양수포발전소로 변경했다.[2] 2010년, 상해시 정부의 에너지 절감 및 배출 감소 요구에 따라 양수포발전소는 공식적으로 전력 생산을 중단했다(사진14-1).

발전 단계별로 양수포발전소는 다양한 특성을 지닌 설비와 기술을 채택했다. 첫 번째 시기는 공부국 전기처의 강변발전소 건설 초

---

2   上海楊樹浦發電廠志 編纂委員會 編, 上海楊樹浦發電廠志(1911-1990) [M], 北京, 中國電力出版社, 1999.

<사진 14-2> 1958년 독자적으로 설치한 국산 6000kW급 증기터빈 발전기

기로 쇄상 스토커와 증기터빈 발전기가 사용되었다. 두 번째는 고효율, 저증기 소모, 저중압 장치를 채택한 시기였는데, 1929년에 최초의 중압 장치가 건설되었다. 설비용량이 161,000kW에 달하며 당시에 잘 알려져있던 맨체스터발전소를 능가했다. 1934년에는 설비용량이 183,500kW에 이르면서 거의 독점적으로 상해시 전체의 전력을 공급했다. 1941년, 미국 기업이 극동 지역 최초로 최첨단 고온·고압 보일러와 15,000kW급 설비를 설치해 발전용량과 저전압 발전 열효율을 높였다. 1949년 부터 점차적으로 고온·고압 자동연소 석탄화로로 대체하고, 매개변수와 효율이 낮은 소형 설비를 고온·고압 설비와 프런트 엔드 설비로 바꾸어 자동화 수준을 향상시켰다. 1954년, 저압 보일러를 가동할 때 박탄층, 저풍압, 긴 화상火床 조작법을 통해 보일러 효율을

70%에서 87%로 높였다. 이 조작 경험을 전국적으로 보급했다. 세 번째는 처음으로 국산 장비를 도입한 시기이다. 1958년, 국산 6,000kW급 발전설비를 처음으로 설치하면서(사진 14-2[3]), 47년간 이어진 '외국산 천하'를 벗어났다. 1969년, 중국 최초의 고압직류보일러와 자체적으로 설계 제작한 25,000kW급 이중 수냉식 증기터빈 발전설비를 설치해 발전용량이 254,150kW로 늘어났다.

양수포발전소는 난방에너지 공급 확대와 석탄 소비 감축을 위해 1978년에 시간당 220톤급 고압 보일러 2대와 25,000kW 배압 증기 터빈 발전기 2대를 증설했다. 2대의 발전기는 각각 1980년과 1981년에 설치되어 가동에 들어갔다. 또한 180m 높이의 철근콘크리트 굴뚝을 건설하고, 연기와 먼지 배출기준을 충족하기 위해 5대의 고효율 전기 집진기를 설치했다. 1988년에는 220kV 변전소들 가운데 최초로 18만 kVA 주 변압기를 가동했으며, 220kV 전압 개폐기를 갖춘 중국 최초의 대규모 실내 변전소를 건설하여 육불화황 배출을 감축했다. 오늘날 양수포발전소는 지역의 전력 발전, 난방 공급, 변전 능력을 겸비한 신형 전력기업으로 자리매김했다[4].

---

- 
3 上海楊樹浦發電廠志 編纂委員會 編, 上海楊樹浦發電廠志(1911-1990) [M], 北京, 中國電力出版社, 1999.
4 中國電力百科全書 編輯部 編, 中國電力百科全書, 火力發電卷[M], 北京, 中國電力出版社, 2014.

## 2. 현황

양수포발전소는 근대 중국의 전력산업 발전을 목도했으며, 또한 산업화 시대의 변화와 기억을 간직하고 있다.

오늘날 발전소의 기계설비는 중요한 전력산업의 유산이 되었다. 발전소의 역사전시실에 1920년대 주력 설비였던 증기터빈 8호와 9호기가 전시되어 있는데(사진 14-3[5]), 이는 극동 지역 최초로 지어진 화력발전소의 축소판이자 박물관의 귀중한 소장품이다.

〈사진 14-3〉 폐기된 설비(위)
〈사진 14-4〉 1983년에 리모델링한 발전소 전력제어실(아래)

역사전시실에 전시되어 있는 전기제어설비는 한때 발전소의 '중추'였는데, 상부에 선풍기가 달려있다. 제어실 상부가 빛을 반사하는 유리로 되어 있었던 탓에 1950년 2월에 국민당 공군이 폭격을 가할 때 쉬운 표적이 되었다. 이후에 제어실의 투명한 유리 구조를 없애고 비교

---

5 定海橋畔, 百年工業 走進楊樹浦發電廠, https://mp.weixin.qq.eom/s/pv4eEul7nnd8bMlw7f GTtQ, 2015-11-13/2018-6-1.

적 안전하고 은폐된 구조로 바꾸었다(사진 14-4[6]).

발전소에 연이어 건설한 세 개의 굴뚝은 각기 다른 시대의 역사적 흔적과 기술적 특징을 가진 경관으로서 나름의 가치를 지니고 있다. 강철 재질의 굴뚝(사진 14-5)은 민국시대에 건설된 것으로 밑지름 7.9m, 윗지름 5.5m, 높이 105m인데, 당시 극동 지역에서 가장 높은 굴뚝이었다. 안쪽에 내화벽돌을 대고 내산성 시멘트를 쌓듯이 바른 후 리벳 방식으로 강판을 둘렀는데, 최대 풍속 186km/h에도 버틸 수 있도록 설계되었다. 1978년에 높이 180m의 철근콘크리트 굴뚝이 건설되었다(사진 14-6[7]). 세 번째 굴뚝은 1992년에 만들어졌다. 강철 굴뚝은 2002년에 해체되었으며, 강철 굴뚝의 기저부는 현재 상해역사박물관에 소장되어 있다. 오늘날 양수포발전소에는 후에 건설된 콘크리트 굴뚝 2개가 남아 있다(사진 14-7[8]).

다층 발전실의 등장은 근대 중국의 산업건설 기술의 중요한 진전이었다. 초기의 다층 발전실은 벽돌과 목재로 지어졌다. 20세기 초에 강철 구조물과 철근콘크리트 구조물이 등장하면서 벽돌과 목재 구조의 발전실 건물이 점차 사라졌다. 양수포발전소의 보일러실은 또 하나의 중요한 산업 유산이다(사진 14-8). 1913년에 건설된 1호 보일러실은 근

---

[6] 上海楊樹浦發電廠志 編纂委員會 編, 上海楊樹浦發電廠志(1911-1990)[M], 北京, 中國電力出版社, 1999.
[7] 上海楊樹浦發電廠志 編纂委員會 編, 上海楊樹浦發電廠志(1911-1990)[M], 北京, 中國電力出版社, 1999.
[8] 孵城內, 百年楊樹浦發電廠現成爲上海工業旅遊景點, http://sh.qq.eom/a/20131025/004426.htm, 2013-10-25/ 2018-6-1

<사진 14-5> 민국시기의 굴뚝

<사진 14-6> 1980년대의 양수포발전소 전경

<사진 14-7> 현재의 양수포발전소
사진: 장쉬에페이張雪飛

대 중국 최초의 철골구조 다층 발전실 건물 중 하나였다[9]. 5호 보일러실은 1938년에 10층 철골구조로 건축되었으며, 당시 중국에서 철골구

---

[9] 畢芳, 朱兵司, 劉柯岐, 建築的發展與設計方法[M], 北京, 中國水利水電出版社, 2015, pp.182.

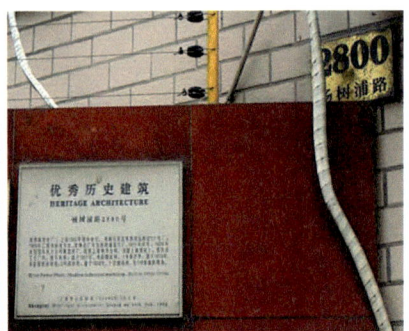

&lt;사진 14-8&gt; 양수포발전소 보일러실
사진: 장쉬에페이張雪飛

&lt;사진 14-9&gt; 뛰어난 역사 건축물
사진: 장쉬에페이張雪飛

조로 된 다층 발전실들 중에서 가장 높은 건물이었다[10].

## 3. 기술사적 가치

양수포발전소는 1994년에 뛰어난 역사 건축물로 인정을 받고(사진 14-9), 양포구 문화재보호단위로 지정되어 있다. 발전소가 남긴 산업 건축물은 근대기의 상해 산업문명의 시작과 변천을 엿볼 수 있는 중요한 유산이자, 도시가 담고 있는 기억의 일부로서 특별한 역사문화적 가치를 지닌다. 현존하는 건축물과 기계설비는 화력발전 기술의 혁신과 세대교체를 보여주며 중요한 기술사적 가치를 담고 있다.

현존하는 양수포발전소의 역사적 건축물과 기계설비를 적절히 보

---

10 羅小未, 上海建築指南[M], 上海, 上海人民美術出版社, 1996, p.250.

존하고 합리적으로 활용하기 위한 방안을 모색해야 한다. 예를 들어, 역사전시관에 더욱 다양한 산업유물을 전시하여 전력산업박물관으로 활용하고, 인접한 상해 글로벌패션센터(과거 위평방직주식회사가 있던 자리)의 쇼핑, 오락, 레저 등과 연계하여 보존과 발전적 활용이라는 다각적인 방안을 고려해 볼 수 있다.

# 15

## 화조花鳥 등대

## 1. 개요

화조등대는 청나라 동치同治 9년(1870년)에 건설되었으며, 청나라 해관해무과의 주도로 건설된 첫 등대들 중 하나이다(사진 15-1). 화조등대는 절강성 주산군도 성사嵊泗 열도의 북동쪽 화조도에 위치해 있다.[1] 정확히는 이 작은 섬의 화조산 북서쪽 산어귀에 있는데, 면적이 약 22,000km²이다.[2] 화조섬은 중국의 연안항로와 장강항로가 만나는 지점에 있으며, 동쪽으로는 공해에 접해 있어 육상 및 해상 교통에서 중요한 위치를 차지하고 있다. 상해항, 양산항, 영파항 등 항구에서 출발하는 선박들이 국내외 근해 항로로 가든 다른 원양 항로로 향하든 모두 화조등대의 인도를 받아야 한다.[3] 중국 연안을 따라 자리하고 있는 100여 개의 등대들 중 가장 큰 규모를 가지고 있어서 '극동 제1등대'로 불렸다.

화조등대의 건설은 당시 관세총독이었던 로버트 하트Robert Hart

〈사진 15-1〉 화조등대
사진: 쑨정쿤孫正坤

---

1 國家文物局 主編, 中國名勝詞典(精編本)[M], 上海, 上海辭書出版社, 2001, p.450.
2 丘富科 編著, 中國文化遺産詞典[M], 北京, 文物出版社, 2009, p.143.
3 史小珍, 郭旭, 舟山羣島·島嶼明珠[M], 杭州, 杭州出版社, 2009, p.161.

와 관련이 있다. 하트는 영국 북아일랜드 출신으로 1863년 11월 청나라 해관총세무사로 취임한 이후 45년 동안 '청나라 관세 총괄자'로 일했다. 해관총세무사로 취임한지 5년 후인 1868년, 그는 청나라 조정에 다음과 같이 건의했다. "중국의 연안을 오가는 무역 선박들을 위해 일반적으로 다음과 같은 실제적인 조치가 필요합니다. 원양 항해 중인 선박에 위험을 알려주기 위해 필요한 곳에 등대를 설치해야 합니다[4]." 이 건의가 청 조정에 받아들여졌고, 이렇게 세관해무과가 계획하고 건설한 첫 등대들이 세워지게 되었다.

하트는 등대들이 세워질 자리를 답사하고 적합한 위치를 선택했는데, 화조등대도 그중 하나였다. 화조등대는 청 조정이 기획과 자금을 맡고 영국인이 설계와 건설을 담당했는데, 등대들 중에서 가장 잘 알려진 '소눈렌즈'도 이 시기에 설계 제작되었다. 후에 등대의 관리를 영국인에게 맡겼다. 당시에 청나라 세관에서 부세무사로 있던 배니스터 T. Roger Banister가 작성한 <중국 연해 등대 일지>에 따르면, 화조등대의 시설과 장비가 지속적으로 개선되었다. 처음 건설되었을 당시만 해도 38,000캔들(당시에는 빛의 밝기를 양초로 표시했다. 1캔들은 향유고래 양초 6파운드를 시간당 120그레인으로 태우는 빛의 밝기를 의미했다_역자주)에 불과했으나 1899년(광서 25년)에 등잔통이 6개 달린 유등을 설치하면서 밝기가 45,000캔들로 늘어났다. 1916년, 등명기가 수은통 위에서 회전하도록 개조하고 55mm의 갓을 씌운 가스등을 달아서 15초에 한번씩 점

---

[4] 浙江省嵊泗縣花鳥鄉政府 編, 海上花鳥[M], 北京, 海洋出版社, 2014, p.39.

멸하도록 했는데, 이렇게 하여 밝기
가 50만 캔들로 늘어났다. 밝기를
높이는 것과 더불어 선통宣統 연간
에 전기시계도 장착했다. 1923년,
최고급 무적霧笛(안개가 끼었을 때 울
리는 고동_역자주) 장비를 설치했다.
이 무적은 12마력 엔진과 3개의 공
기압축기로 작동되었는데 안개가
낀 날씨에 항로를 안내하는 역할을
했다. 화조등대는 지속적인 개선을
통해 빛, 전기, 소리 등을 모두 갖

<사진 15-2> 항일투쟁 시기 중국 공군의
폭격으로 생긴 탄흔
사진: 쑨정쿤孫正坤

춘 항로인도체계를 구축하게 되었고, 다양한 거리와 해상조건 하에서 항해 선박에 항로인도 정보를 제공할 수 있었다[5].

1943년, 일본군이 화조등대를 점령하고 등대의 신호 점멸빈도와 빛의 색상을 변경하여 다른 선박들이 신호의 의미를 이해할 수 없도록 만들었다. 조니라는 이름의 호주 여성이 자신의 조부와 동료들이 다양한 방법을 통해 일본인의 등대신호 기밀을 빼돌려 일본군의 음모를 무력화시켰다고 증언하기도했다. 1945년, 중국 공군이 화조등대를 폭격했지만 등대를 폭파하지 못했다. 이때의 폭격으로 등대의 '소눈렌즈'에는 지금도 여러 발의 탄흔이 남아있다(사진 15-2)[6].

---

5 鄧進平, 舟山燈塔歷史槪述[J], 浙江海洋學院學報(人文科學版), 2015, 32(03), pp.51-54.
6 史小珍, 郭旭, 舟山羣島·島嶼明珠[M], 杭州, 杭州出版社, 2009, p.160.

화조등대는 여러 차례의 개보수와 전쟁을 겪으면서 오늘날까지도 여전히 중국의 주산도周山島에 우뚝서서 연안과 원양 무역 그리고 조업에 중요한 역할을 맡고 있다.

## 2. 현황

화조등대는 원통형의 유럽풍 건축물로 회백색의 탑신은 높이 16.5m이다. 등대는 4층으로 나누어져 있는데, 저층은 조적콘크리트 구조물, 중층은 금속 난간이 있는 전망대, 상층부는 대부분 유리로 된 벽이고, 철제로 만들어진 반구형의 최상층부에 풍향계가 달려있다(사진 15-3).

상층부에 있는 '소눈렌즈'는 등대의 핵심장치 중 하나로 하트가 재직하던 시기(사진 15-4, 15-5, 15-6)에 설치한 것이다. 원형의 일등급 렌즈가 있는 네 개의 면으로 구성되어 있으며, 각 면은 마름모형 크리스탈 유리가 여덟 개의 테두리를

〈사진 15-3〉 화조등대의 모습
사진: 쑨정쿤孫正坤

<사진 15-4> 하트와 '소눈렌즈'　　　　　<사진 15-5> 근거리에서 본 '소눈렌즈'
　　　　　　　　　　　　　　　　　　　사진: 쑨정쿤孫正坤

<사진 15-6> 멀리서 바라본 '소눈렌즈'
사진: 쑨정쿤孫正坤

<사진 15-7> '소눈렌즈'의 전환장치(위)
<사진 15-8> 크세논 등과 제어장치(아래)
사진: 쑨정쿤孫正坤

그리고 있다[7]. 등명기에는 전자장치가 설치되어 있다(사진 15-7). 광원은 4개의 렌즈를 통해 4개의 광선이 나오는 크세논 전구(사진 15-8)를

---

[7] 史小珍, 郭旭, 舟山羣島·島嶼明珠[M], 杭州, 杭州出版社, 2009, p.160.

〈사진 15-9〉 화조등대 전시실에 소장되어 있는 소장품들
사진: 쑨정쿤孫正坤

사용한다. 선박은 같은 위치에서 15초마다 불빛을 볼 수 있다.

등대에는 중국에서 소리전파 거리가 가장 긴 에어사이렌이 장착되어 있으며, 최대 4해리까지 도달할 수 있다. 80초마다 2번, 매회 1.5초씩 사이렌을 울려 안개가 자욱한 날씨에도 항로를 효과적으로 인도할 수 있다[8]. 이외에도 등대 근처에 2개의 전파탑이 있어 무선을 사용하

---

8 史小珍, 郭旭, 舟山羣島·島嶼明珠[M], 杭州, 杭州出版社, 2009, p.160.

여 지나가는 장거리 항해 선박에게 위치를 알려준다.

등대 옆에 작은 전시실이 있는데, 화조등대의 간략한 역사, 등대지기에 관한 이야기, 도구와 장비 등이 전시되어 있다(사진 15-9). 여러 세대를 지켜온 등대지기들의 노력이 기록되어 있으며, 소리와 빛에 의존하던 시기부터 지금의 AIS 통신망, 북두위성 원격 측정 그리고 e-Navigation항해지원 서비스에 이르는 변천과정을 알 수 있다. 청 조정에 연안 등대 건설을 건의했던 하트의 문건과 1868년부터 1901년까지 등대, 부두, 교주 및 신호 등 업무에 관해 기록한 청 세관의 서신들도 전시되어 있다. 청 세관에는 외국인 직원이 많았기 때문에 많은 서신들이 영어로 쓰여 있다.

## 3. 기술사적 가치

긴 역사를 자랑하는 화조등대는 큰 규모와 뛰어난 기능은 물론 첨단장비를 갖추고 있어서 한때 국제적으로 매우 중요한 영향력을 발휘했다. 그 때문에 '극동 제1등대'로 불리며 근대기 중국과 동아시아의 항해사에서 중요하게 자리매김했다. 1997년 국제항로표지협회IALA에 의해 세계역사유적으로 지정되었으며, 2001년에는 중화인민공화국 국무원으로부터 제5차 국가중점문물보호단위로 지정되었다.

# 16

## 영리永利 소다공장

## 1. 개요

영리소다공장[1]은 천진시 당고塘沽(지금의 천진시 빈해신구)에 위치해 있으며, 1917년 민족주의 사업가 범서동范許東 등이 세운 중국 화학공업의 요람이자 중국 해양화학공업의 발상지이다.

1차 대전이 발발한 후 중국으로 수입되는 소다회의 양이 급격히 감소해 정제되지 않은 천연소다 밖에 사용할 수 없게 되었고, 이 바람에 소다회를 원료로 사용하는 많은 공장들이 문을 닫았다. 이에 범서동 등이 독자적으로 소다생산공장을 세우기로 뜻을 모았다. 1914년 당구에 구대久大 소금공장 설립을 시작으로 1917년 영리소다공장, 1922년에는 황해화학공업연구사[2]를 설립했다. 이렇게 소위 '영구황永久黃' 화학공업 체계가 형성되었다.

1919년, 영리소다공장이 천진 당구에서 첫 삽을 떴는데, 핵심 공장인 증기실(옛 북관)은 11층으로 당시 '동아시아 제1 건물'로 불렸다. 1921년에 중국으로 돌아온 후덕방後德房의 주도로 추진된 소다공장 건설이 1923년에 기본공사를 완료하고(사진 16-1) 솔베이법[3]을 채택했다.

---

[1] 영리 소다 공장이 1972년에 천진 소다 공장으로 바뀐 후 지금까지 이 명칭을 사용하고 있다.
[2] 황해화학공업연구사는 중국 최초의 민간 화학 연구기관으로 손학오孫學悟가 소장을 맡았다. 초기에 유기화학과 무기화학 두 방향의 연구에 집중했다. 구대 정제염 공장과 영리소다공장의 생산기술 문제를 해결하는 것이 목표였다.
[3] 1791년, 프랑스가 식염에서 소다회를 제조하는 르블랑법(Leblanc process)을 개발했다. 1861년, 벨기에의 어니스트 솔베이(Ernest Solvay)가 암모니아를 사용하여 루블랑법을 개선하고 1862년에는 소금, 암모니아, 이산화탄소로부터 소다회(탄산나트륨)을 생산했다. 이를 암모니아 소다 공정 또는 솔베이법이라고 불렀다.

<사진 16-1> 영리소다공장
자료출처: 『도설빈해圖說濱海』

<사진 16-2> 미국 필라델피아 만국박람회
금상 수상 증서
사진출처: 『근대천진도지近代天津圖誌』

<사진 16-3> 벨기에 세계박람회 금상 수상 증서
사진출처: 『근대천진도지近代天津圖誌』

여러 차례의 시행착오 끝에 1926년 6월 29일 마침내 정품 소다회를 생산하는데 성공하고 '홍삼각紅三角'[4]이라는 상표명을 붙였다. '홍삼각'표 소다회는 1926년 8월 미국 필라델피아 만국박람회에서 금상을 획득하고 (사진 16-2), 1930년 벨기에 세계박람회에서 금상을 수상했다(사진 16-3). 후덕방은 영어로 전문저서 <소다회 제조법>을 써서 1933년에 미국에서 출판했다(사진 16-4). 이렇게 솔베이그룹이 독점하고 있던 솔베이 소다회 생산공정이 세상에 알려지게 되면서 많은 찬사를 받았다.

<사진 16-4> 후덕방의 저서 『소다회 제조』

1937년, 일본 미쓰비시상사가 영리소다공장을 점거하자 범서동은 '영구황' 화학공업의 핵심 인력을 이끌고 사천성으로 이주해 그곳에서 화학산업기지를 다시 세웠다. 1943년, 후덕방은 합성암모니아와 소다 두 가지 생산 제조법을 활용하여 소다회와 염화암모늄을 생산하고 이것을 '후씨 소다 제조법'이라고 불렀는데, 훗날 '합성 소다 제조법'으로 불렸다. 영리소다공장은 1949년에 당구 지역이 해방을 맞이하자 조업을 재개해 1952년 중국 최초의 민관합작기업으로 변신했고, 1955년에는 구대에 있던 정제염공장과 합병하여 '영구고永久沽' 공장으로 거듭났다.

---

4   天津鹼廠志編修委員會, 天津鹼廠志[M], 天津, 天津人民出版社, 1992, p.9.

1968년에 후씨 소다 제조법으로 복합소다 제조라인을 건설하려고 계획했지만, 이 생산라인은 1978년에 와서야 완공되었다.

천진소다공장은 소다회 공장, 화학 비료 공장, 화공 공장, 발전소, 기계수리 공장, 창고 및 운송 등 여러 부분으로 나뉘었는데(사진 16-5), 이 가운데 핵심 부문은 암모니아-소다 생산구역의 소다회 공장과 화학 비료 공장이었다. 암모니아-소다 생산구역은 원염原鹽, 석회석, 석탄 등을 원료로 하여 원염 중의 나트륨 이온과 석회석 중의 탄산 이온이 결합하는 일련의 화학반응을 거쳐 탄산나트륨(소다회)을 생산하는 구역이었다. 이 생산공정은 암모니아-소다법 소다회 생산 공정도(사진 16-6)를 통해 알 수 있다. 소다합성구역에서는 소다회와 염화암모늄을 생산했는데[5], 이 공정은 소다회와 염화암모늄 생산 공정도에서 알 수 있다(사진 16-7). 암모니아-소다와 복합소다 두 가지 생산체계를 통해 영리소다공장이 보유한 기술적 가치를 잘 이해할 수 있다.

## 2. 현황

지속적인 도시화로 인해 영리소다공장의 위치가 당구의 중심지역으로 변모했다. 이에 따라 2009년 12월에 영리소다공장의 합성소다 생산라인이 중단되었고, 2010년 10월 암모니아-소다 라인도 가동을 중단하고 발해화학단지로 이전했다. 소다공장이 있던 자리는 석회 가마,

---

5  大連制鹼工業研究所, 純鹼工業知識[M], 北京, 石油化學工業出版社, 1975, p.57.

<사진 16-5> 영리소다공장 배치도

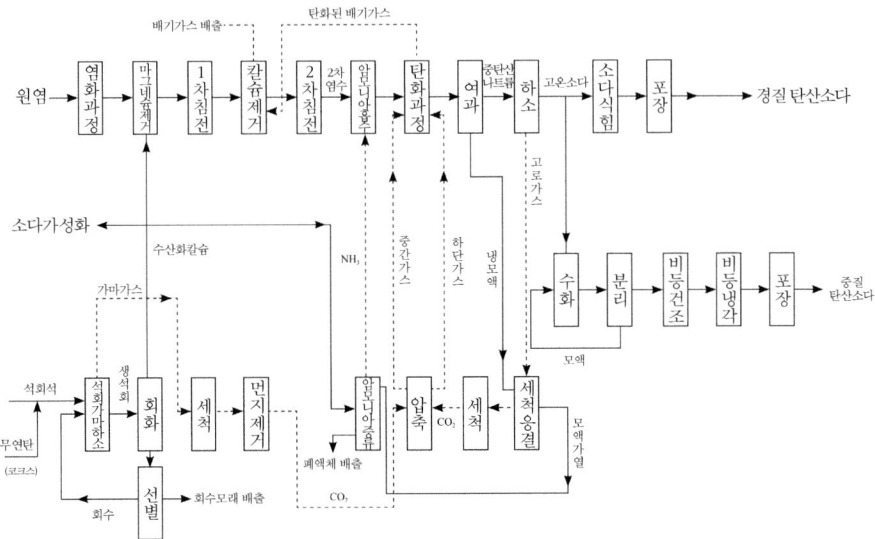

<사진 16-6> 암모니아소답법의 소다회 생산공정 흐름도

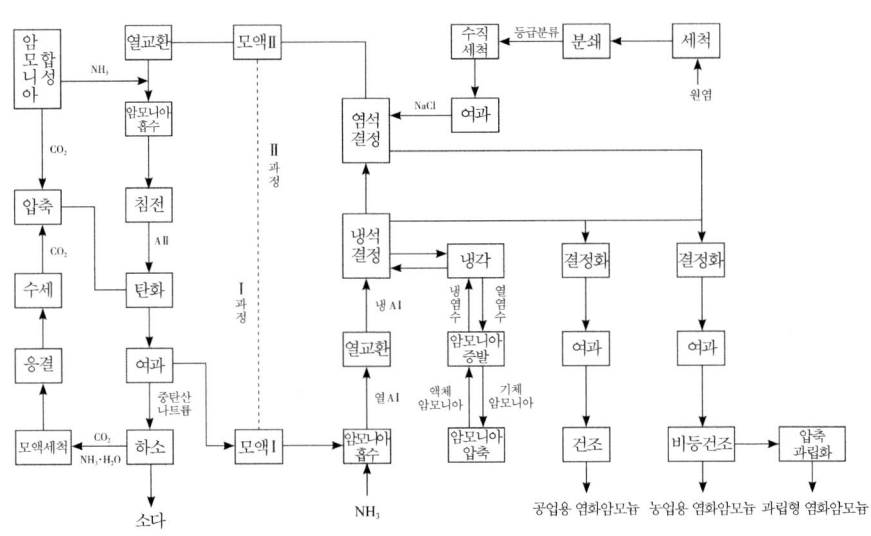

<사진 16-7> 합성 소다법의 소다회와 염화암모늄 생산공정 흐름도

과학관, 황해 화학연구회 도서관만 남고 주택지역과 상업지역으로 재개발되었다.

석회가마는 솔베이법 공정에서 석회석 소성을 위한 중요 시설로(사진 16-8), 주로 이산화탄소 가스와 염수 작업장 그리고 암모니아 가스 회수에 필요한 석회유를 탄화작업장에 공급했다. 현존하는 석회가마는 1930년대에 건설된 것으로 설비의 보존상태가 양호하다. 원래 부지에 주거 단지 건설 계획이 마련되면서 석회가마가 자운紫雲 공원으로 이전했다(사진 16-9).

과학관(사진 16-10)은 옛 소다공장 부지 정문에서 남쪽으로 150m 떨

〈사진 16-8〉 석회가마

〈사진 16-9〉 석회가마의 현재 모습

<사진 16-10> 과학관

<사진 16-11> 황해화학공업연구사 도서관

어진 곳에 있으며, 단층의 벽돌콘크리트 건물이다. 사방형의 경사진 지붕에 북향으로 지어진 이 건물은 당시에 사무실로 쓰였다. 현재는 천진시 빈해 신구의 문화유물보호단위로 지정되어 있다.

황해화공공업연구사 도서관(그림 16-11)은 벽돌콘크리트 구조의 영국식 2층 남향 건물로 꼭대기가 뾰족한 사방형 지붕을 하고 있다. 면적은 440m²이며, 1층 주출입구 정면에 현관이 있고 현관 윗쪽으로 테라스처럼 난간이 있다. 이곳은 한때 천진 소다공장의 역사기념관이었지만 현재는 국가 중점문물보호단위로 지정되어 있다.

## 3. 기술사적 가치

영리소다공장은 근대 중국의 기업가와 과학자들이 독자적으로 연구개발한 기술로 화학공업을 일으킨 전형적인 사례로서 중국 화학공업과 기술사에서 독특한 위치를 차지하고 있다. 후덕방이 과감한 혁신을 통해 확립한 '합성소다법'은 중국의 주요 소다 생산기술 중 하나가 되었다. 영리소다공장의 산업유산은 화학공업의 확립과 혁신의 역사를 보여주는 생생한 실례로서 뛰어난 기술사적 가치를 지닌다.

현존하는 유산 중에서 황해화학공업연구사의 옛터가 국가중점문물보호단위로 지정되었고, 구대 정제염 공장 옛터는 천진시문물보호단위로, 영리소다공장 천진 사무실 옛터는 천진시 보존 건축물 목록에 올랐다. 영리소다공장 옛터는 빈해 신구 문물보호단위로 등록되었다. 이들은 대부분 사무실 건물이었으며, 솔베이법을 이용한 소다회 생산

공정과 복합소다 생산공정을 갖춘 건물들은 대부분 철거되었다. 유일하게 남아 있는 석회가마도 자운공원으로 옮겨져 보존 상태가 우려스럽다.

# 17

## 중동中東 철도

## 1. 개요

중동철도는 19세기 후반 러시아가 극동지역을 관할하기 위해 중국 동북부에 건설한 'T'자형 철도이다(사진 17-1[1]). 중국과 러시아를 연결하는 시베리아 횡단철도의 중국 내 구간이다. 중동철도의 본선은 서쪽 만주리滿洲里에서 출발해 하얼빈을 거쳐 동쪽으로 수분하綏芬河까지 이어지고 다시 흑룡강성과 내몽고자치구를 가로지르며, 총연장이 1,480km가 넘는다. 간선은 북쪽 하얼빈에서 창춘을 지나 남쪽으로 대련(여순)에 이르고 길림성, 요녕성을 통과하며, 총연장이 940km²가 넘는다[2].

중동철도는 1897년에 하얼빈을 거점으로 동, 서, 남 3방향으로 6개 지점에서 동시에 착공되어 1903년에 전 노선이 개통되었다. 이와 동시에 철로 주변의 대규모 토목건설, 기차역, 철도 관리국, 철도 직원 주거지역 그리고 철도 도시 건설이 진행되었다.

중동철도는 100년에 걸쳐 철도 부설권이 여러 차례 바뀌었는데, 그 발전 과정을 다섯 단계로 나눌 수 있다. ①1897년~1905년, 제정 러시아가 전적으로 건설과 관리를 맡았던 시기로 신속한 발전 단계이다. ②1905년~ 1924년, 일본과 러시아가 분할 점거한 시기이며, 일본이 지

---

1 [러]KnTancKO-BocTOHHas^enesHasgopora (КВ双口)[EB/OL]. http://files.school-collection.edu.ru/dlrstore/259d3e76- dab3-4cda-b373-02327f97c5d9/%5BIS9IR_1-04%5D_%5BTD_06%5D.html.
2 姜振寰, 鄭世先, 陳樸, 中東鐵路的緣起與沿革[J], 哈爾濱工業大學學報(社會科學版), 2011, 13(1), pp.1-15.

<사진 17-1> 러시아어로 된 중동철도 지도

<사진 17-2> 빈주濱洲 철교의 현재 모습
사진: 장반江畔

선인 장춘~여순 구간('남만주철도'로 개칭)을 점거했다. ③1924년~1933년, 중국과 소련이 공동으로 관리한 시기였다. ④1932년~1945년, 전 노선을 일본이 독점한 시기이며, '남만주철도주식회사'가 관리했다. ⑤1945년에 〈중소우호조약〉이 체결되면서, 1952년에 중국에 완전히 반환되었다.

중동철도는 철도 노선, 기차역, 기관차 및 차량, 철도신호와 장비 등으로 이뤄져 있다.

철도노선은 지지 역할을 하는 노반, 자연지형을 가로지르는 교량과 터널, 선로로 구성된 통합적인 공학구조 체계이다.[3] 중동철도는 복잡한

---

3  佟立本 主編, 鐵道槪論[M] 6版, 北京, 中國鐵道出版社, 2013.

지형의 산과 구릉지대를 통과하고 여러 수계水界를 가로지르기 때문에 철도 건설에 일정 부분 어려움을 야기했다. 또한 증기기관차는 노선이 지나가는 지점의 경사도도 맞아야 한다. 따라서 이런 난제들을 대개 교량 건설, 터널 굴착, 노선 개발 등의 방식으로 해결함으로써 열차의 원활한 운행을 담보한다. 건설 초기 단계에서 터널과 교량의 설계와 건설을 담당한 엔지니어 대부분이 러시아, 이탈리아 등 구미 국가에서 왔는데, 이들을 통해 비교적 발달된 철도 엔지니어링 기술이 도입되었다.

철도역 구역은 대합실, 플랫폼, 선로, 장비 및 철로 보수시설 그리고 기지창 등 철도의 운영을 위해 구축된 시스템이다. 철도역은 환승역, 중간역 그리고 조차장으로 나뉜다. 중동철도는 초기에 증기기관차를 이용했기 때문에 철도운영의 효율성을 높이기 위해 철도노선을 따라 분포된 수자원, 임업자원, 광물자원을 노선 선정에 중요한 참고자료로 삼았다. 증기기관의 기술적 한계와 철도 운송 시스템이 수행해야 할 본연의 역할 때문에 중간역이 각 환승역들 사이에 분포했는데, 중간역 간의 거리가 대략 10km이다. 역은 특급, 1등, 2등, 3등, 4등, 5등 역으로 나눠졌고, 하얼빈역이 유일한 특급역이었다. 대부분의 역 내부에 급수탑이 설치되어 있었고, 주요 거점역에는 하얼빈, 대련 등지에 있는 기지창, 수리창과 같은 대규모 유지보수시설이 있었다.

## 2. 현황

중동철도는 많은 산업유산을 남겼으며, 그 중 일부는 여전히 운용되고 있다. 철도노선과 역사는 당시의 철도기술과 발전의 역사를 가장 잘 알 수 있는 중요한 물적 공간이다. 그 중 대표적인 철도 노선 유산으로 하얼빈 송화강 빈주철교, 대흥안령터널 및 연장구간, 많은 기차역 건물 및 관련 부대시설, 중동철도 콤비나트 및 관련 시설 등이 있다.

하얼빈 송화강 빈주철교(사진 17-2)는 철도교량 건설사에서 특별한 의미를 지닌 공사였다. 1900년 건설 당시에 중동철도에서 경간이 가장 긴 단선 철교이자 당시 세계적으로도 몇 안 되는 초대형 철교 중 하나였다. 교량은 주철을 이용한 현수 트러스 구조로 되어 있으며, 총연장 1,003m, 폭 7.2m의 교량 상판 위로 단선 철로를 깔았다. 교량은 총 18개의 경간으로 되어 있으며, 그 중 8개 경간은 곡현曲弦 강트러스 거더 구조이고, 나머지 10개 경간은 강트러스 거더 구조이다. 뛰어난 구조설계 외에도 당시의 높은 철근 수준과 교각 기초의 케이슨 공법을 보여준다. 18개의 교각은 화강암으로 제작되었으며, 교각의 거더는 폴란드 바르샤바 제철소가 제작한 것을 하얼빈으로 운반해 와서 조립했다.

〈사진 17-3〉 홍안령터널 입구
사진: 가오페이高飛

<사진 17-4> 흥안령의 나선형 노선 개발
자료출처: Views of the Chinese Eastern Railway

오늘날, 중동철도공원을 구성하는 일부분이 된 이 다리는 도시의 중요한 역사문화적 경관으로 자리잡았다.

1900년에 건설된 대흥안령터널 및 연장선(사진 17-3, 17-4)은 중동철도 노선에서 비교적 큰 규모의 철도공사였다. 흥안령터널은 두 번의 측량을 거쳐 비로소 착공에 들어갔는데, 기술적 어려움이 컸기 때문이었다. 터널은 길이 3,077.2m, 폭 8m, 높이 7m이고 선로의 표고는 920m~960m이다. 원래 복선으로 부설하려다가[4] 단선으로 바뀌었다.

---

[4] 陳志濤, 濱洲鐵路興安嶺隧道病害整治[J], 哈爾濱鐵道科技, 2016(03), pp.17-19.

<사진 17-5> 향방역
사진: 지앙반江畔

<사진 17-6> 향방역 급수탑
사진출처: 대화하얼빈大話哈爾濱[5]

<사진 17-7> 중동철도 관리국 역사 사진
자료출처: Views of the Chinese Eastern Railway

'돌을 깨는' 작업이 건설에서 가장 중요한 기술인데, 그 작업량이 엄청났기 때문이다.

노선 개발은 열차가 터널을 원활하게 출입할 수 있도록 만들어졌다. 흥안령은 서쪽 사면의 경사도는 작은 반면에 동쪽 사면은 경사가 가파르다. 따라서 터널 동쪽 입구에서 야루하雅魯河 계곡까지 고저의 차가 크기 때문에 제방을 높이 올리고 약 2km에 달하는 나선형 노선을 구축해 경사도를 낮추어야 했다(터널 입

---

5   大話哈爾濱 http://imharbin.com/

구에 진입하기 전 선로의 경사도가 15%였다). 이는 중국 최초의 나선형 개발 노선으로 중국 철도 역사상 특별한 노선이다.

중동철도 노선에는 100개가 넘는 역이 있다. 향방역香坊驛은 중동철도에 건설된 최초의 역으로 처음 건설 당시에 '하얼빈역'으로 불리다가 1924년에 향방역으로 이름이 바뀌었다. 기차역은 역사 건물(사진 17-5)과 급수탑(사진 17-6)으로 이뤄져 있으며 각각 1898년과 1915년에 건설되었다. 역사 건물은 벽돌과 목재 구조의 복고풍 건축양식을 절충한 건물로, 건물의 평면이 박공 모양이고 정면은 대칭형을 이룬다. 급수탑의 기저부는 돌을 쌓아서 만들었고 탑신은 붉은 벽돌로 지어졌다. 탑의 꼭대기는 목재 단열층의 16각 구조로 둘러싸여 있으며, 상단에 창문이 있는 통풍구가 있다. 이곳의 급수탑은 중동철도 연변에 있는 보존상태가 양호한 급수탑들 중 하나이다.

속칭 '큰바위집'으로 불렸던 중동철도 관리국(사진 17-7)은 1902년에 건립되었는데, 하얼빈의 초기 행정청사들 중 가장 크고 눈에 띄는 건물이었다[6]. 건축가 데니소프가 설계한 전형적인 아르누보 스타일의 건물이다. 전체 건물의 총면적은 16,580m²로 비교적 독립된 6개의 건물로 구성되어 있으며, 거리와 면한 길이 182.24m의 건물 전면부는 세 부분으로 나누어져 있다. 전면부가 불규칙한 블루스톤으로 장식되어 간결하면서도 위엄있는 자태를 드러낸다. 공간 배치부터 건축적 조형미에 이르기까지 중동철도 관리국의 높은 위상을 보여준다. 현재 이

---

[6] 劉鬆茯, 哈爾濱城市建築的現代轉型與模式探析(1898~1949)[M], 北京, 中國建築工業出版社, 2003.

<사진 17-8> 하얼빈 철도국의 사무동[7]

건물은 하얼빈철도국 사무동으로 사용되고 있다(사진 17-8).

부채형 기관차 차고는 중동철도의 가장 독특한 유산으로 증기기관차의 유지보수, 보관, 선회를 하는 곳이며, 대개 철도노선을 따라 있는 거점 철도역 역내에 건설되었다. 횡도하자橫道河子 기관차 차고는 현존하는 기관차 차고 중에서 보존상태가 비교적 양호한 차고로 1903년에 건설되었다. 부채 모양의 차고 건물, 원형의 입환 플랫폼, 방사형 선로 세 부분으로 구성되어 있다. 이 중 면적 2,160m²의 기관차 차고는 15개의 차고 유닛으로 구성되어 있다(사진 17-9). 기관차 차고는 원형의 입환 플랫폼 때문에 부채형의 평면으로 설계되었다(사진 17-10[8]). 차고

---

[7] 자료출처: http://chinapic.people.com.cn/fbrum.phpfmod二viewthread&tid=5677757&page=1.
[8] 자료출처: http://chinapic.people.com.cn/forum.php7mod二viewthread&tid=5929698&highlight=%BA%El%B5%C0%BA%D3%D7%D3

<사진 17-9> 횡도하자 기관차 차고 조감도
자료출처: 대화하얼빈

의 문 앞에는 선로와 원반이 각각 연결되어 있다. 원반을 돌려 위쪽의 라인을 선로에 맞추어서 기관차의 방향을 임의로 바꿀 수 있다.

 횡도하자橫道河子 기관차 차고 건물의 세부설계를 통해서 건축가가 설계를 할 때 기관차의 성능, 정비 여건 등 여러 방면을 세심하게 고려했다는 것을 알 수 있다. 예를 들어, 건물 꼭대기에 증기기관차에서 발생하는 연기와 먼지를 배출하는 굴뚝이 단정하게 줄지어 서있고, 건물 전면에 목재로 된 이중문이 설치되어 있으며 후면의 박공 위에 창문이 있어서 환기와 조명이 충분히 보장되기 때문에 기관차의 유지 관리에 용이하다. 건물의 구조적 측면에서, 기관차 차고는 전체적으로 석조로 만든 기저부, 일반 벽돌을 쌓아 만든 벽, 기둥 보강재, 철제 기둥 그리고 강철 빔이 15개의 콘크리트 아치형 지붕을 떠받치고 있고, 벽돌을 삼각형으로 쌓아올린 지붕에 정교한 장식이 들어가 있다. 건축물의 기

<사진 17-5> 향방역
사진: 지앙반江畔

<사진 17-6> 향방역 급수탑
사진출처: 대화하얼빈大話哈爾濱[5]

<사진 17-7> 중동철도 관리국 역사 사진
자료출처: Views of the Chinese Eastern Railway

'돌을 깨는' 작업이 건설에서 가장 중요한 기술인데, 그 작업량이 엄청났기 때문이다.

노선 개발은 열차가 터널을 원활하게 출입할 수 있도록 만들어졌다. 홍안령은 서쪽 사면의 경사도는 작은 반면에 동쪽 사면은 경사가 가파르다. 따라서 터널 동쪽 입구에서 야루하雅魯河 계곡까지 고저의 차가 크기 때문에 제방을 높이 올리고 약 2km에 달하는 나선형 노선을 구축해 경사도를 낮추어야 했다(터널 입

---

5  大話哈爾濱 http://imharbin.com/

구에 진입하기 전 선로의 경사도가 15%였다). 이는 중국 최초의 나선형 개발 노선으로 중국 철도 역사상 특별한 노선이다.

중동철도 노선에는 100개가 넘는 역이 있다. 향방역香坊驛은 중동철도에 건설된 최초의 역으로 처음 건설 당시에 '하얼빈역'으로 불리다가 1924년에 향방역으로 이름이 바뀌었다. 기차역은 역사 건물(사진 17-5)과 급수탑(사진 17-6)으로 이뤄져 있으며 각각 1898년과 1915년에 건설되었다. 역사 건물은 벽돌과 목재 구조의 복고풍 건축양식을 절충한 건물로, 건물의 평면이 박공 모양이고 정면은 대칭형을 이룬다. 급수탑의 기저부는 돌을 쌓아서 만들었고 탑신은 붉은 벽돌로 지어졌다. 탑의 꼭대기는 목재 단열층의 16각 구조로 둘러싸여 있으며, 상단에 창문이 있는 통풍구가 있다. 이곳의 급수탑은 중동철도 연변에 있는 보존상태가 양호한 급수탑들 중 하나이다.

속칭 '큰바위집'으로 불렸던 중동철도 관리국(사진 17-7)은 1902년에 건립되었는데, 하얼빈의 초기 행정청사들 중 가장 크고 눈에 띄는 건물이었다[6]. 건축가 데니소프가 설계한 전형적인 아르누보 스타일의 건물이다. 전체 건물의 총면적은 16,580m²로 비교적 독립된 6개의 건물로 구성되어 있으며, 거리와 면한 길이 182.24m의 건물 전면부는 세 부분으로 나누어져 있다. 전면부가 불규칙한 블루스톤으로 장식되어 간결하면서도 위엄있는 자태를 드러낸다. 공간 배치부터 건축적 조형미에 이르기까지 중동철도 관리국의 높은 위상을 보여준다. 현재 이

---

6 劉鬆茯, 哈爾濱城市建築的現代轉型與模式探析(1898~1949)[M], 北京, 中國建築工業出版社, 2003.

<사진 17-8> 하얼빈 철도국의 사무동[7]

건물은 하얼빈철도국 사무동으로 사용되고 있다(사진 17-8).

부채형 기관차 차고는 중동철도의 가장 독특한 유산으로 증기기관차의 유지보수, 보관, 선회를 하는 곳이며, 대개 철도노선을 따라 있는 거점 철도역 역내에 건설되었다. 횡도하자橫道河子 기관차 차고는 현존하는 기관차 차고 중에서 보존상태가 비교적 양호한 차고로 1903년에 건설되었다. 부채 모양의 차고 건물, 원형의 입환 플랫폼, 방사형 선로 세 부분으로 구성되어 있다. 이 중 면적 2,160m²의 기관차 차고는 15개의 차고 유닛으로 구성되어 있다(사진 17-9). 기관차 차고는 원형의 입환 플랫폼 때문에 부채형의 평면으로 설계되었다(사진 17-10[8]). 차고

[7] 자료출처:http://chinapic.people.com.cn/fbrum.phpfmod二viewthread&tid=5677757&page=1.
[8] 자료출처:http://chinapic.people.com.cn/forum.php7mod二viewthread&tid=5929698&highlight=%BA%El%B5%C0%BA%D3%D7%D3

<사진 17-9> 횡도하자 기관차 차고 조감도
자료출처: 대화하얼빈

　의 문 앞에는 선로와 원반이 각각 연결되어 있다. 원반을 돌려 위쪽의 라인을 선로에 맞추어서 기관차의 방향을 임의로 바꿀 수 있다.

　횡도하자橫道河子 기관차 차고 건물의 세부설계를 통해서 건축가가 설계를 할 때 기관차의 성능, 정비 여건 등 여러 방면을 세심하게 고려했다는 것을 알 수 있다. 예를 들어, 건물 꼭대기에 증기기관차에서 발생하는 연기와 먼지를 배출하는 굴뚝이 단정하게 줄지어 서있고, 건물 전면에 목재로 된 이중문이 설치되어 있으며 후면의 박공 위에 창문이 있어서 환기와 조명이 충분히 보장되기 때문에 기관차의 유지 관리에 용이하다. 건물의 구조적 측면에서, 기관차 차고는 전체적으로 석조로 만든 기저부, 일반 벽돌을 쌓아 만든 벽, 기둥 보강재, 철제 기둥 그리고 강철 빔이 15개의 콘크리트 아치형 지붕을 떠받치고 있고, 벽돌을 삼각형으로 쌓아올린 지붕에 정교한 장식이 들어가 있다. 건축물의 기

<사진 17-10>
횡도하자의 부채형 기관차 차고
사진: 리쉬엔李憲

<사진 17-11>
중동철도 본 공장의 철골 구조로 된 작업장
사진: 스다오광司道光

<사진 17-12>
중동철도 본 공장 옛터의 현재 모습
사진: 지앙반江畔

능과 형태가 유기적으로 결합되어 기술적으로나 예술적으로 높은 가치를 지니고 있어서, 20세기 초 세계 철도건축의 기술수준을 보여준다.

중동철도 본 공장은 1898년에 지어졌다. 1907년에 건설된 신 공장은 후에 와서 중동철도 하얼빈 본공장으로 불렸는데, 현재 기관차 공장의 단조 작업장, 급수탑, 굴뚝 등 3개의 산업유산이 보존되어 있다. 이곳에서는 주로 기관차와 차량을 수리 제작했다. 공장 건물은 철골 이너림 구조로 되어있고(사진 17-11), 건물의 프레임과 하중기둥이 모두 철골이다. 건물 프레임은 경간에 따라 복합 구조, 삼각 구조, 핀크 구조 등 다양하며, 최대 경간은 21.33m이다[9]. 중동철도 본 공장이 있던 자리는 이미 기관차 광장으로 바뀌었다(사진 17-12).

## 3. 기술사적 가치

중동철도는 중국의 초기 산업화를 보여주는 실례로서, 관련한 산업유산들이 비교적 완전한 형태로 남아 있어서 특히 대표성을 지닌다. 국가간 기술이전과 문화의 융합체로서 중요한 기술사적 가치와 역사적 가치를 갖고 있으며, 100여년 동안 중국 동북지역의 발전과 개발, 제국주의 열강들의 확장, 민족독립과 부흥의 굴곡진 역사를 안고 있다.

중동철도가 가진 산업유산들이 광범위하게 분포해 있고 그 유형

---

9 司道光, 劉大平, 中東鐵路近代建築技術價値解析[J], 城市建築, 2015(10), pp. 47-49.

도 다양하고 풍부해서, 2018년 1월 중국과학기술협회가 선정하는 '중국 산업유산 보호목록(1차)'에 선정되었다. 오늘날에도 일부 유산들이 여전히 활용되고 있으며, 관련 기관과 학자들이 철도유산의 연구, 보호 및 개발에 전념하고 있다.

## 18

전월滇越 철도

## 1. 개요

전월철도는 베트남 하이퐁에서 출발하여 중국의 운남강 하구를 지나서 종착역 곤명昆明까지 이어지는 총연장 855km의 철도로, 이 가운데 중국 내 구간의 길이는 465km이다(사진 18-1). 전월철도의 베트남 구간 건설은 1901년에 시작되어 1903년에 완공되었다. 운남 구간은 1903년 10월에 착공되어 1910년에 완공되었다. 본문에서 말하는 전월철도는 운남 구간을 가리킨다[1]. 1943년에 국민당 정부가 운남 구간 관리권을 되찾은 후, 항일전쟁의 필요에 의해 개원開遠과 운남강 하구 노선과 교량은 대부분 철거되었다. 1950년 2월에 인민정부가 운남 구간의 관리권을 접수한 후 1958년에 전 노선이 복원되었다.

철도를 건설하던 시기에 프랑스의 바띠뇰 건설사Société de Construction des Batignolles와 철도관리총국RégieGénérale de Chemins de fer이 파견한 엔지니어들이 철로 계측, 설계 및 시공을 담당했다. 바띠놀사의 교량 엔지니어 폴 조제프 보댕Paul Joseph Bodin이 현지 여건에 맞춰 철로가 지나가는 지점에 많은 철교를 설계했는데, 독특한 디자인과 복잡한 구조로 인해 기술사적 가치가 높은 교량들이다.

당시 전월철도 건설은 다음과 같은 기술적 특징을 가지고 있었다.

첫째, 노선 선택에 있어서 전월철도가 곤명에 도달하기 위해서는 인도차이나 반도의 저고도 평야를 가로질러 산맥을 넘어야 했기 때문에

---

[1] 본문에 열거된 위치는 운남강 하구를 기점으로 계산한 것이다.

<사진 18-1> 전월철도 전 구간 노선도                    <사진 18-2> 전월철도 남계하곡 구간

노선의 경사도가 비교적 컸다. 하구에서 중간역인 개원까지 200km가 넘는 거리를 지나는 동안 약 1,500m를 올라와야 했다. 철로가 허용하는 최대 경사 범위 내에서 지리적 여건, 비용, 수송능력 등 여러 요인들을 고려하여 노선이 확정되었다. 신현강을 따라 북쪽으로 가는 방안('서선방안'이라고도 함)을 고려했으나 최대 경사 문제로 결국 폐기되었다.

둘째, 복잡한 지질구간의 지리 여건에 맞추어 특수 배수로가 있는 터널, 배수관 및 옹벽 등 많은 시설물들이 설계되었다. 전체 철도노선 중 가장 난구간은 남계하곡南溪河谷 구간(사진 18-2)이었는데, 지질 조건이 매우 불안정하여 폭우, 산사태, 지진 등 자연재해가 빈번한 곳이었다. 이 구간에서, 설계자들은 철도안전 확보와 공사비 절감을 위해 많은 특수 배수시설과 두꺼운 옹벽을 설치했다. 이는 당시에 산지를 지나는 철도가 지질 재해의 영향을 제어했다는 측면에서 상당히 높은 기술력을 보여준다.

셋째, 설계자 보댕은 좁은 절벽의 공간적 제약을 극복하기 위해 111km 높이의 강철 트러스 구조 교량과 남계하곡의 많은 교량들을 포함해 매우 독특한 스틸 거더 철도 교량을 설계했다. 이 교량들은 강철 부재를 연결하여 건설되었는데, 선로 방향과 지리적 조건의 변화가 많은 남계하곡의 특성에 맞추면서도 비용 절감과 건설의 효율성을 높였다.

## 2. 현황

전월철도는 상대적으로 보존상태가 양호하여 전체 노선이 여전히 운행 중이며 교통 수단으로서의 기본적인 역할을 수행하고 있다. 역사유산으로 선로 상에 존재하는 이동불가 시설물, 이동가능 유물 그리고 문헌 등이 있다.

터널, 배수관, 배수로, 방화벽 등 복잡한 지질조건을 극복하기 위해 만든 이동불가 시설물이 선로를 따라 광범위하게 남아있으며, 여전히 철도 안전 확보에 중요한 역할을 하고 있다. 예를 들어 쌍석암雙石巖 터널(그림 18-3)의 경우, 기존의 동굴을 활용하면서 양측에 배수시설을 설계하여 터널 구조의 안정성을 확보했다. 또 다른 예로 적수역滴水驛의 경우, 현지의 수문학 및 지리적 특성에 따라 역내에 특수 배수시설을 설계했다 (사진 18-4). 수당水塘-의량宜

〈사진 18-3〉 여전히 운행되고 있는 철도 터널
사진: 천베이양陳培陽

良, 구가狗街-타토채打兎寨, 옥림산玉林山-초파草坝, 벽색채碧色寨-산등성이까지 철로에 미칠 피해를 제어하기 위해 다양한 공학적 구조가 적용되었다.

철로를 따라 뛰어난 기술적 특징을 지닌 이동불가 교량시설들이 많이 있다. 우선 강철 트러스 구조의 인자교는 길이 67.35m의 교량으로 4개의 데크와 철제

<사진 18-4> 적수역 내에 있는 배수시설
사진: 천베이양陳培陽

거더로 이뤄져 있다. 곤명 방향으로 철교 끝지점에서 시작하여 4개의 지지대 간격이 21.525m, 14.35m, 14.35m, 15.375m이다(사진 18-5). 모양이 '人'자를 닮아서 인자교라고도 불린다. 좁은 절벽 사이에 인자교를 건설해야 했기 때문에, 설계자 보댕은 지리조건에 맞는 아치형 거더 구조를 설계했다. 이 다리는 당시의 세계 스틸 아치형 철로 고가교를 연구의 중요한 사례이자, 전월철도의 상징이 되었다.

다음으로 과고戈姑에서 개원 사이에 놓여 있는 여러 개의 아치형 석조 다리이다. 이 가운데 전체 경간이 가장 긴 곳은 옥림산 대교로 10m의 경간 7개가 있는 아치형 석조 다리이다. 교각의 고도가 각각

<사진 18-5> 1909년의 인자교와 현재 인자교의 모습

<사진 18-6> 옥림산玉林山 칠공석 아치교
사진: 천베이양陳培陽

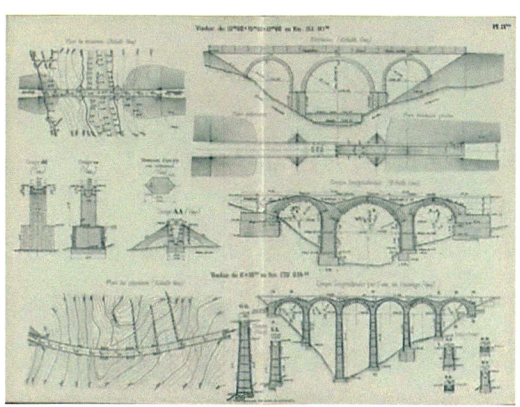

<사진 18-7> 옥림산 칠공석 아치교 설계도

<사진 18-8> 남동하교南洞河橋
사진: 천베이양陳培陽

<사진 18-9> 소룡담교小龍潭橋
사진: 천베이양陳培陽

14.227m, 17.683m, 18.639m, 18.995m, 18.651m, 9.807m$^2$ (사진 18-6, 사진 18-7)이다. 아치형 석조 다리를 만든 것은 가까이에 전월철도의 시멘트 생산 실험실이 있어서 원자재를 구하기가 용이했기 때문이다. 철교를 만드는데 운송비가 만만치 않았다.

---

2 높이는 모두 하구쪽의 높이이다.

<사진 18-10> 와렌형 교량으로 리모델링된 나조稻租 대교
사진: 천베이양陳培陽

셋째, 전월철도는 6개의 하로판형 철교가 있는데, 145km 지점의 낙수동교, 222km 지점의 남동하교(사진 18-8), 240km 지점의 소룡담교(사진 18-8), 332km 지점의 나조대교, 349km 지점의 녹풍대교, 365km 지점의 구가교가 여기에 속한다. 이 유형의 교량은 건축 자재의 표준화를 위해 양쪽의 석조 교대와 50m 경간의 트러스 구조의 스틸 빔으로 구성된다. 현재 낙수동교는 이미 일반적인 데크형 강판 거더 교량으로 변경되었으며, 나머지 3개 교량의 금속 트러스는 1949년 이후 순차적으로 와렌 트러스형으로 변경되었다(사진 18-10). 현존하는 이 유형의 교량으로는 지금도 운행되고 있는 남동하교와 이미 폐기되었으나 온전히 보존된 소룡담교 뿐이다. 당시 하로형 철교의 구조적, 기술적 표준화와 역사적 풍모를 보여준다.

또한 남계하곡에는 미국식을 모방한 데크 구조의 철재 고가교가 여러 개 있는데, 이 유형의 고가교 구조는 모두 금속교각으로, 단일 또는 여러 개의 강철 거더를 연결하여 잔교와 유사한 구조로 되어 있다. 백채대교(철로의 83km 지점에 위치)는 이 유형의 교량 중에서 기술적 특징이 가장 잘 드러난 교량이다(사진 18-11). 이 대교는 20m 거더 9개를 연결하여 만든 곡선교로, 교량 표면의 철로 곡선이 반경 100m의 원호,

〈사진 18-11〉 1908년 백채白寨 대교와 현재의 대교 모습
사진: 천베이양陳培陽

〈사진 18-12〉 적수역滴水驛 역사
사진: 천베이양陳培陽

〈사진 18-13〉 서이역西洱驛 플랫홈
사진: 천베이양陳培陽

<사진 18-14> 여전히 사용되고 있는 당시의 강철 침목

<사진 18-15> 1904년 프랑스 B-Th-JOEUF가 제작한 레일
운남철도박물관 제공

직선 및 포물선으로 되어 있다. 나머지 교량은 모두 경간 8m로 거더를 연결한 교량으로, 표면의 철로 곡선 반경이 모두 100m로서 곡선의 경사가 동일하다. 기술사적 관점에서 볼 때 교량 자재의 표준화를 최대한 실현한 것이며, 이는 당시 철교 건설의 수준과 뚜렷한 지역적 특색을 보여준다.

전월철도의 기차역 건축물과 부대시설로는 역사驛舍, 플랫폼, 일부 역에 있는 전차대轉車臺와 기관차 보일러 급수관이 있다. 전월철도의 기차역은 철거된 곤명역과 재건축한 개원역, 하구역을 제외하면, 프랑스 건축양식의 적수역(사진 18-2)과 자갈로 지은 서이역처럼 역사와 플랫폼이 대부분 잘 보존되어 있다(사진 18-13). 기관차의 유지와 보수에 사용된 전차대도 그대로 남아있다. 그중 라하디의 전차대는 지금도 사용되고 있는데 인력으로 돌리던 전차대의 기술적 특징을 간직하고 있다. 지촌역의 전차대는 지촌역 기관차 차고에 보관되어 있다. 이외에도 산요역의 삼각 스위치-백에는 증기기관차에 물을 공급하는 데 사용된 급수관이 남아있다.

전월철도를 따라 철침, 기관차 등 기술적 특징이 뚜렷한 이동가

<사진 18-16> 현재 운남철도박물관에 소장되어 있는 '미쉐린' 내연 탄환열차[3]

<사진 18-17> 1910년 출판된 『전월철도』의 표지

능한 문물들이 어전히 많이 남아 있다. 곤명철도박물관에 1903년과 1904년에 프랑스 N.E-BB사가 제작한 2개의 레일과 프랑스 B-Th-JOEUF가 1904년에 제작한 레일 4개 그리고 1904년에 MICHEVILLE사가 제작한 레일 1개 등 1900년대에 프랑스에서 제작된 레일 7개가 보존되어 있다(사진 18-14).

전월철도 개통 초기의 기관차 차량 중에서 상대적으로 완성도가 높고 기술사적 가치를 지닌 차량은 1914년에 운행된 '미쉐린' 내연 탄환열차이다(사진 18-16). 이 기관차는 1934년에 미쉐린사가 고무바퀴를 교체해 최고시속이 100km/h였다. 바퀴는 일반적으로 강철로 만들었는데 고무로 만들어진 경우는 드물었다. 100km/h의 속도는 오늘날에도 전월철도의 최대 제한속도인 35km/h를 훨씬 초과한다.

---

3 昆明鐵路局, 雲南鐵路博物館文物精萃[M], 北京, 中國鐵道出版社, 2014, p.12.

전월철도의 기록물로는 크게 두 가지 유형이 있는데, 하나는 전월철도공사와 프랑스 정부 관련 문건이고 다른 하나는 중국 관리들이 작성한 문건이다. 원본 문건들 중에서 비교적 중요한 문건은 전체 노선이 완공된 1910년에 프랑스 바띠뇰 건설사가 편찬한 *Le chemin de fer du Yunnan*이라는 책인데, 이 책의 중국어 제목은 『전월철도』이다(사진 18-17). 상하 2권으로 구성된 이 책의 상권에는 철도가 건설되기 전 프랑스의 운남지역 측량, 청 조정과 체결한 조약, 기본 원칙, 철로 건설을 위해 설립된 전월철도공사의 구조 및 운영 상황, 선로 측량 및 하부구조 건설, 교량 및 터널 건설, 핵심 제어설계 공사 등 전월철도 건설의 전 과정이 자세히 기록되어 있다. 하권에는 대량의 철도 건설 도면, 선로 종단면과 로드맵 및 기타 통계표들이 들어 있다. 운남성 기록관이 쓴 『전월철도 사료 편찬』에 철도의 개통 상황과 조직 그리고 철도 부설권 반환 가능성에 관한 중국측의 논의 등 운남-베트남 철도에 관한 기록들이 기술되어 있다.

### 3. 기술사적 가치

기술사적 관점에서 볼 때, 다양한 형태의 철교 건설, 산악 지역 노선 설계와 관리 등 현지의 여건에 맞춰 설계된 전월철도는 20세기 초 산악지역 철도 건설의 전형적인 기술이 적용된 철도이다. 또한 바띠뇰 건설사와 철도 교량 엔지니어 조제프 보댕으로 대표되는 프랑스의 철도설계와 철도건설 기술의 경험이 중국의 남서부 산악지대에 적용된 사례이기도 하다.

　전월철도 노선에 건설된 인자교와 벽색채역은 국가중점문물보호단위로 지정되었으며, 지촌역과 백채대교는 운남성중점문물보호단위로 지정되었다. 옥림산 칠공교와 소룡담대교는 개원시문물보호단위로 지정되어 있다. 다만, 유적의 기술사적 가치를 고려하여 보호범위를 선택적으로 확대할 필요가 있다. 알려진 바에 의하면, 개원시가 이미 곤명철도국과 협력하여 산업유산 보호사업을 진행하고 있으며, 향후에 개원과 몽자蒙自를 오가는 관광열차를 운행하는 방식으로 전월철도의 일부 구간이 유지될 것으로 예상된다. 이는 분명 긍정적인 신호로서, 앞으로 전월철도 유산을 보호하기 위한 보다 적절한 조치가 있기를 기대한다.

# 19

## 경장京張 철도

## 1. 개요

1905-1909년에 건설된 총연장 약 200km의 경장철도는 중국이 건설경비 전액을 조달하고 자체 설계와 시공, 독자적으로 운영한 최초의 간선철도이다(사진 19-1). 첨천우詹天佑(1861-1919)(사진 19-2)가 설계와 시공의 모든 책임을 맡았고, 망손모邝孫謀, 진서림陳西林, 적조림翟兆林, 유인봉俞人鳳, 안덕경顏德慶 등 핵심 기술인력들이 철도건설에 참여했다(사진 19-3). 경장철도의 부설로 인해 외국계 건설사들이 청淸의 철도건설을 독점하던 상황을 종식하고 중국인의 손으로 철도를 건설하는 역사의 첫 페이지를 열 수 있었다.

북경의 서북쪽에 있는 장가구張家口와 북경 사이에는 험준한 산들이 가로놓여 있다. 첨천우는 기술인력들과 함께 여러 차례에 걸쳐 현지조사를 진행한 후 공기工期와 자금 등 여러 가지 제약들을 놓고 고

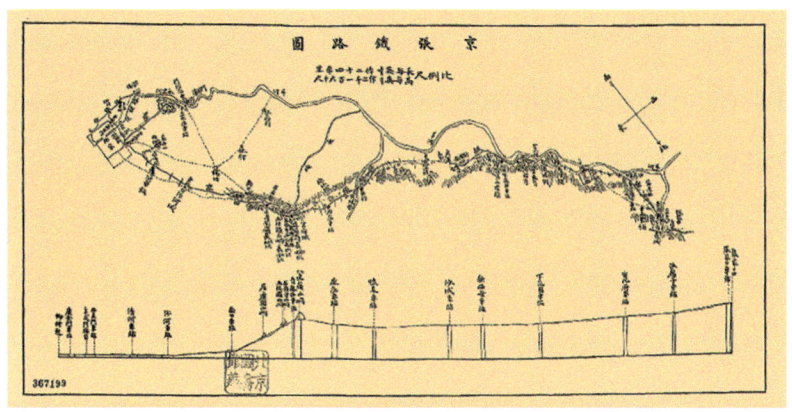

〈사진 19-1〉 경장철도 노선도
자료출처: 『京張鐵路工程記略 (附圖)』

<사진 19-2> 경장철도 총감독 첨천우

<사진 19-3> 경장철도 기술인력 단체사진
(앞줄 좌측부터 차례로 적조림, 진서림, 첨천우, 안덕경, 유인봉)
자료출처:『京張路工撮影』

심한 끝에 관구關溝를 팔달령 八達岭 노선이 지나가는 지점으로 결정했다[1]. 이 구간은 경사가 매우 심한데, 그 중에서도 특히 거용관居庸關 일대의 자연 경사도가 약289분의 1로 당시 철도노선의 한계를 초과했다. 1907년, 철도를 부설하는 동안에 거용관 터널을 추

<사진 19-4> 만리장성에서 내려다본 경장철도

---

[1] 段海龍, 京張鐵路中"人"字形路線探析[J], 科學文化評論, 2017(5), pp. 107-114.

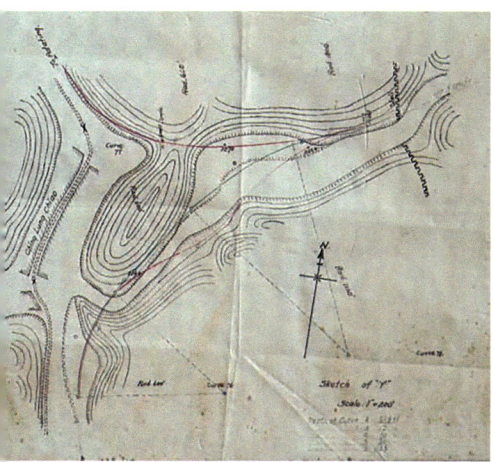

<사진 19-5> 'ㅅ'자 형 노선도

<사진 19-6> 1909년과 2010년의 'ㅅ'자 형 철로
자료출처『京張路工撮影』(왼쪽), 두안하이룽段海龍 촬영(오른쪽)

가하여 노선을 연장하는 방법으로 경사도를 30분의 1로 줄였다.

경장철도의 관구 구간이 가장 난구간이었는데 최고점이 팔달령이었다. 평균 경사도 뿐만 아니라 터널건설의 난이도도 높았다. 원래 설계된 노선에 따르면, 팔달령에 6,000피트(약 1,830m) 길이의 터널을 뚫을 계획이었다. 하지만 자금 제약으로 인해 선진 장비를 도입할 수가 없었다. 기존의 기술로 터널을 굴착하면 대략 3년이 걸리기 때문에 전 구간을 4년 내에 완공하기로 계획한 공기를 맞출 수가 없었다. 첨천우는 비용과 공기를 고려하여 청룡교역 내에 'ㅅ'자 형 노선을 설계하는 방안을 검토했다(사진 19-5). 이렇게 하면 노선의 경사도를 줄일 수 있을 뿐 아니라 팔달령 터널의 길이를 3,000피트(약 915피트)로 줄일 수 있었다. 'ㅅ'자 형 노선은 경장철도의 대표적인 설계가 되었는데, 청룡교역에 도착한 열차가 이곳에서 역방향으로 돌아가는 기발한 방안이었다(사진 19-6).

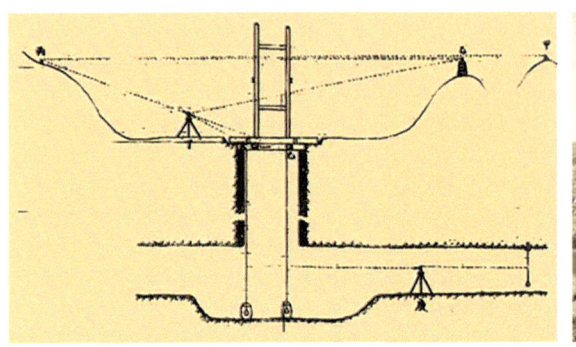
<사진 19-7> 수갱법 터널 굴착 위치 측량도
자료출처: 『京張鐵路工程記略(附圖)』

<사진 19-8> 팔달령 터널 통풍시설
자료출처: 『京張路工撮影』

　팔달령 터널은 중국 철도 역사상 최초의 긴 터널이다. 터널을 굴착하기 위해 2개의 수갱을 만들고 작업 지점을 6개로 늘려 공사의 진행 속도를 높였다. 수갱을 굴착하기 위해 먼저 터널이 지나가는 산자락의 낮은 지대를 택해서 아래쪽으로 굴착했다. 터널 깊이에 도달한 후에 두 개의 연직선을 사용하여 터널 굴착 방향을 정했다. 연직선 하단에 무거운 물건을 매달아 물통에 넣고 연직선이 흔들리지 않도록 만들었다(그림 19-7). 터널을 뚫을 때는 rackarock 폭약이 사용되었다. 터널이 완공된 후 수갱 상부에 환기시설(사진 19-8)을 만들어서 터널 내부와 외부의 공기가 순환할 수 있게 했다.

## 2. 현황

　경장철도는 여러 차례의 공사 변경을 거쳐 완성된 총체적 결과물이다. 현재 경장철도의 전 노선 중에서 도시건설과 경장고속철 건설로

<사진 19-9> 동원역의 전철기와 안전측선
사진: 천페이양陳培陽

인해 철거된 광안문廣安門-사하로沙河路 구간과 폐지된 편지片地-장가구張家口 북로구간을 제외하면, 다른 구간들은 여전히 운송기능을 유지하고 있다. 경장철도의 산업유산은 주요 철도 운영시설, 건축물 등 부대시설과 문건 등으로 구분할 수 있는데, 이들을 통해 철도 공사의 발전과 단계별 기술적 특징을 이해할 수 있다.

경장철도의 주요 철도 운영시설에는 교량, 터널, 배수로, 선로 기반, 레일 그리고 신호기 등이 있다. 팔달령 터널은 속도와 효율성을 높이기 위해 착안된 터널설계 아이디어가 완벽하게 구현된 공사였다. 청룡교역과 '人'자형 스위치백 노선은 경사도와 비용 등 측면에서 절묘한 구상이었을 뿐 아니라 경장철도의 대표적 상징으로 자리잡았다. 거용관居庸關과 동원역東園驛의 전철기와 안전측선은 위험을 최소화하는데 초점을 둔 설계였다(사진 19-9). 요정구窯頂溝 24호 교각, 사교자四橋子

<사진 19-10> 1909년의 사교자 29호교와 현재의 모습
사진: 쉬딩딩徐丁丁(왼쪽), 『京張路工撮影』(오른쪽)

29호 교각(사진 19-10) 그리고 석불사 북사교北斜橋는 모두 경장철도 초창기에 만든 대표적 다리이며, 이 중 사교자四橋子 29호교에는 항일투쟁 시기 중국군이 일본군의 진격을 저지하기 위해 폭파한 흔적이 남아 있다. 석불사 북사교北斜橋와 계두桂斗 터널(사진 19-11)은 1939년에 구간 변경으로 인해 폐지되었지만 현재까지 잘 보존되어 있다.

다른 산업유산으로 동원역과 청룡교역에 남아 있는 초창기의 신호기, 강장역 화물 적재장과 여전히 운행되고 있는 장가구 북역의 시기별 철도레일(그림 19-12), 청룡교역을 지나는 철도 주변에 있는 소주蘇州식 숫자가 세겨진 석비(이정표와 고갯길 비석 포함)들이 있다. 중국철도박물관에 경장철도가 사용했던 '제니 연결기Janney Coupler'가 소장되어 있는데(사진 19-13), 이는 현재 국가일급 문화유물이다. 이 연결기는 한

<사진 19-11> 1909년의 오계두五桂頭 터널과 현재의 모습
사진: 천베이양陳培陽(왼쪽), 『京張路工撮影』(오른쪽)

<사진 19-12>
강장차고 내에 있는 1907년 철도 레일(경장철도 영문 약자와 명문이 쓰여있다)
사진: 천베이양陳培陽

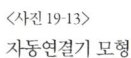

<사진 19-13>
자동연결기 모형

〈사진 19-14〉
청룡교 역사
사진: 두안하이롱段海龍

〈사진 19-15〉
장가구역 역사
사진: 두안하이롱段海龍

〈사진 19-16〉
남구역 공사 사무실
사진: 천베이양陳培陽

<사진 19-17> 강장역 차고
사진: 쾅이빙方一兵

때 첨천우가 발명한 것으로 잘못 알려지기도 했다.

이 가운데 건물 등 부대시설들로 기차역사, 차고, 급수탑 및 부속시설이 있다. 경장철도의 기차역들 중에서 기본적으로 원형이 보존되어 있는 역으로는 서직문역(역사, 구름다리 및 차양 포함), 청화원, 청하, 남구, 동원, 거용관, 삼보, 청룡교, 강장, 신보안, 선화부, 장가구 등 기차역들이 있다(사진 19-14, 19-15). 이 역들은 모두 1905년-1910년 사이에 지어졌으며, 역의 구조가 기본적으로 동일하다.

남구시에 남구역 공사사무소(사진 19-16), 첨천우의 사무실 옛터, 남구기계관리국, 남구 차고, 남구철도여관, 경장철도 건설 및 운영과 관련된 중요한 시설들이 집중되어 있으며, 그리고 강장시에 강장 차고(사진 19-17)와 급수탑 등이 있다.

현존하는 중요한 문헌자료로는 『京張鐵路工程記略(附圖)』(첨천우 편저,

1915년 중화엔지니어링학회 출판), 『京張鐵路工程標準圖』 그리고 『京張路工撮影』이 있다. 『京張路工撮影』은 상하 두 권으로 나뉘어 있으며 1909년 전후에 찍은 사진 총 183장이 들어 있다. 이 책은 2013년에 천진고적출판사가 영인본으로 출판한 것이다. 이 사진들은 『중국기록문헌유산목록』에 올랐다. 이외에도 첨천우의 적손 첨동제詹同濟가 조부와 지인들이 주고받은 서신과 일기를 정리하여 번역 출간했다. 이 가운데 일부 영문 원고가 국립도서관에 소장되어 있다.

## 3. 기술사적 가치

경장철도는 중국 철도 역사상 하나의 이정표로서 서양기술이 중국에 이전된 초창기의 성공 사례이다. 중국의 기술인력들이 직접 설계하고 건설한 최초의 철도로서 선로 설계와 건설의 현지화를 실현했다. 외국의 철도기술 도입과 더불어 전통적인 기술들도 성공적으

〈사진 19-18〉 첨천우 동상
사진: 장바이춘張栢春

로 활용되었는데, 예를 들면 그루터기 공법으로 기반을 다진다든가 삼합토로 콘크리트를 대체했다던가 그리고 물통을 사용해 연직선을 고정하는 방법 등이 있다. 또한 건설 과정에서 자체적으로 철도건설 인력을 양성했다.

경장철도 남구역-팔달령 구간이 2013년에 국가중점문물보호단위로 지정되었으며, 청룡교 부근의 첨천우 동상과 묘(사진 19-18)는 북경시문물보호단위로 지정되었다. 2018년 1월, 경장철도가 중국과기협회가 발표하는 '중국산업유산보호목록(1차)'에 선정되었다. 기존의 유물을 지키는 것 외에도 경장철도에 대한 더욱 체계적인 고고학적 연구를 통해 귀중한 산업유산을 보존하는 방안이 마련되어야 할 것이다.

# 20

## 요녕遼寧 기차역

## 1. 개요

요녕역은 경봉철도 북단에 있었던 큰 철도역으로 요녕성 심양시 화평구 터미널로 100번지에 자리해 있다. 근대 중국의 유명한 건축가 양정보楊庭寶(1901-1982)가 설계한 이 역은 1927년에 착공하여 1930년에 완공된 후 1931년 3월에 개통되었다(사진 20-1). 그 후 역의 이름이 몇 차례 바뀌었는데, 일제강점기에 '봉천역', '북봉천역'으로 바뀌었고, 1946년에 심양북역으로 바뀐 후 여객 운송서비스가 중단된 1988년 6월까지 이 명칭이 줄곧 사용되었다. 1990년 12월에 새로이 심양북역이 개통되면서 요녕기차역은 철도운송 무대를 떠나 심양철도분국, 심양철도사무소, 심양철도기지 등 기관의 사무공간으로 바뀌었다(사진 20-2). 이 기간 동안에 건물 내부를 부분적으로 리모델링한 것 외에 전체 건축물의 외관이 그대로 보존되어 있다.

〈사진 20-1〉
1936년 요녕역[1]

<사진 20-2> 심양 기차역 사무동으로 바뀐 후 새로 단장한 요녕역의 모습
사진: 캉빈允賓

    기차역은 근대기에 중국에 등장한 새로운 형식의 건물이었는데, 그 중에서도 큰 기차역 역사와 대합실은 경사가 큰 건축구조로 되어 있었다. 이렇게 눈에 띄는 특징으로 인해 기차역을 쉽게 알아볼 수가 있었다. 요녕역은 양정보楊廷寶가 1927년에 귀국한 후 처음으로 설계한 작품이자, 중화민국 시절 중국 출신 건축가가 설계한 최초의 대규모 여객 운송시설 중 하나였다. 양정보는 1921년 펜실베니아대학교 건축학과에 입학해서 석사학위를 받은 후 필라델피아에 있는 폴 필립 크레의 건축사무소에서 일하며 클리블랜드박물관 설계에 참여했다. 1926-1927년에 유럽 현지조사를 마치고 중국으로 돌아온 후 천진 기태基泰 건축회사의 수석건축가로 일했다. 프랑스의 파리 북역, 영국 런던의 킹스크로스역 등이 그의 요녕역 설계에 일정 부분 영향을 미쳤다.

1  遼寧總站歷史照片.瀋陽鐵路局檔案館, SJda-zp-36.

## 2. 기술적 특징

요녕역이 건설되기 전, 중국에는 이미 북경 정양문正陽門 동역, 산동 제남濟南 기차역 등 비교적 큰 규모의 기차역이 있었지만 모두 외국 건축가들의 손을 통해 탄생했다. 고유한 특색을 지닌 요녕역(표 20-1)은 중국에서 대규모 공공건축 설계역량의 현지화를 상징한다.

&lt;표 20-1&gt; 요녕 기차역과 북경 정양문역 비교

| 번호 | 차이점 | 요녕 기차역 | 북경 정양문 동역 |
|---|---|---|---|
| 1 | 건축연대 | 1930년 | 1906년 |
| 2 | 설계사 | 양정보 (중국) | 영국 건축설계사 (성명미상) |
| 3 | 철도노선 | 경봉철도 종착역 | 경봉철도 기점 |
| 4 | 건축면적 | 8 485m$^2$ | 3 500m$^2$ |
| 5 | 건축형식 | 고전주의를 절충한 새로운 건축형식 | 유럽 고전주의와 모더니즘의 과도기 건축형식 |
| 6 | 건축양식 | 일정 부분 현지화된 양식 | 유럽식 건축양식 |
| 7 | 평면배치 | 가로 3 세로 5 일자형 대칭 배치 | 여러 가지 건축형식을 종합한 비대칭 배치 |
| 8 | 정면 효과 | 전체적 균형감 | 전체적 불균형감 |
| 9 | 건축 구조 및 자재 | 철근콘크리트와 벽돌목조 구조의 결합 | 벽돌목조구조(리모델링한 부분은 철근콘크리트 구조) |
| 10 | 공간요소 | 둥근 아치형 대합실 | 둥근 아치형 대합실 |
| 11 | 기차역으로서의 사용 연수 | 58년(1930－1988) | 53년(1906－1959) |
| 12 | 보존상황 | 전체적으로 보존 상황 양호 큰 변화 없었음 | 원래의 모습이 바뀜. 내외부 리모델링 |

구조와 설계의 측면에서 요녕역은 몇 가지 특징을 드러낸다.

우선 공간 배치에 있어 높은 수준의 설계능력과 큰 기차역으로서의 실용성을 보여준다. 평면 구도면에서 플랫폼과 긴밀하게 연결되는 '一'자형 평면으로 설계되었다. 내부는 수하물실, 로비, 대합실 등 3개의

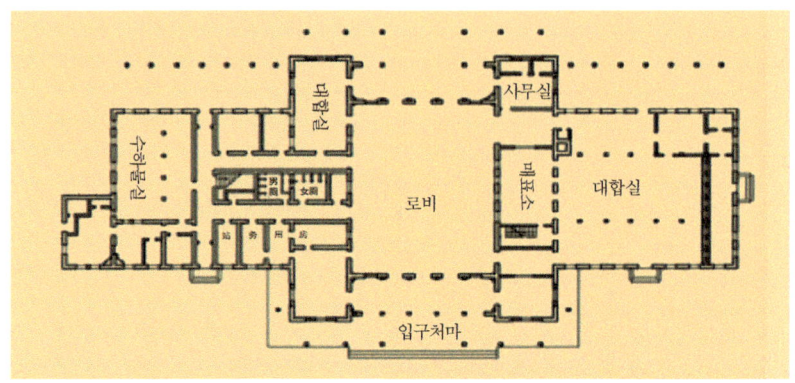

<사진 20-3> 요녕역의 1층 평면도
자료출처: 심양철도국 기록관 SJda-tz-127

큰 공간으로 나뉘어 있으며, 중심 공간인 로비가 가장 넓은 면적을 차지한다. 2개의 세로형 서비스 공간이 3개의 큰 공간을 구분짓고 있다(사진 20-3). 수하물실과 대합실은 상대적으로 사람들의 이동이 적기 때문에 일반적인 프레임공법을 채택했으며, 중앙의 여객로비는 사람들이 많이 오가기 때문에 독특한 반원형 아치 철골구조를 채택했다. 아치의 길이는 30m, 경간은 20m, 둥근 천장과 실내 바닥 사이의 거리는 25m이다. 콘크리트 보와 기둥이 아치의 아랫 부분을 받치고 있다. 로비의 전면과 후면이 대형 유리창으로 되어 있어서 양쪽의 두꺼운 입면과 대조를 이루며, 채광이 용이하고 넓은 내부의 공간적 특성이 잘 드러난다[2].

둘째, 건축양식 면에서 발주처(동삼성 교통위원회)가 경봉철도의 기점

---

2 劉怡, 黎志濤, 中國當代傑出的建築師建築教育家―楊廷寶[M], 北京, 中國建築工業出版社, 2006.

〈사진 20-4〉
경봉철도 북경 정양문 동역의
옛 모습

〈사진 20-5〉
복원된 북경 정양문 동역
(돔탑의 배치가 바뀌었다)

〈사진 20-6〉 요녕역의 정면

인 북경 정양문 동역(즉 전문역)의 설계안을 선호했기 때문에, 이를 고려하여 요녕역도 정양문 동역의 주요 형식을 참고했다. 이와 더불어 현지의 건설 역량을 고려하여 전체적으로 간결하고 실용적인 설계를 통해 구조, 공간 및 형식을 합리적으로 결합했다[3]. 처음에 양정보는 요녕역을 유럽의 모더니즘 건축양식으로 설계할 계획이었지만, 발주처가 1906년에 건설된 북경 전문역前門驛의 외관 양식에 준하는 설계안을 채택했다. 전문역은 다양한 건축양식이 혼재하는데, 중앙의 커다란 원통형 아치 양쪽 끝에 작은 원통형 아치와 돔탑이 있어서 정면이 비대칭 구조를 띠며 공간구조와 건축양식 사이에 명확한 논리관계가 부족했다(사진 20-4[4], 20-5). 양정봉이 이에 대해 상당히 많은 부분을 수정했다[5].

건물의 정면 양식의 경우, 요녕역은 전문역의 특징인 원통형 아치와 대형 유리창을 수용하면서도 서양 고전주의 건축양식을 채택했다. 전문역과 달리 전체적으로 대칭구도를 이루며, 정면은 동일한 비율의 직사각형 조합 5개가 수평과 수직으로 구성되었다(그림 20-6[6]). 원통형 아치 양쪽의 돌출된 벽체가 구조적으로 지지대 역할을 하며, 원통형 아치가 건축양식 면에서 두드러진 특징을 드러낸다. 기타 다른 면에서

---

3  陳泓, 蘇克勤, 院士世家—楊廷寶楊士莪[M], 鄭州, 河南科學技術出版社, 2014, pp.76-77.
4  中國鐵道百年畫冊[M], 北京, 中國鐵道出版社, 1991, p.21.
5  劉怡, 黎志濤, 中國當代傑出的建築師建築教育家—楊廷寶, 北京, 中國建築工業出版社, 2006, p.81.
6  劉怡, 黎志濤, 中國當代傑出的建築師建築教育家—楊廷寶, 北京, 中國建築工業出版社, 2006, p.165.

요녕역의 설계는 매우 간결해졌는데, 예를 들어 처마 장식이 간결하게 수평 몰딩으로만 되어 있다. 기차역의 출입구에 전통적인 통로기둥이 설치되어 있지만, 사람들이 지나다니는 출입 공간을 지극히 간결하게 설계했다. 통로의 모서리 부분에 기둥을 설치하지 않고 철근콘크리트로 하중을 떠받치는 구조적 특징을 가지고 있다.[7]

요녕역은 건축 기술면에서 어느 정도 현지화된 특징을 보여준다. 전체적으로 외관의 화려함보다는 간결함과 실용성을 추구한 점 외에도 일부 건축자재를 인근 지역에서 조달하는 방식으로 공사비를 절감했다. 역사驛舍 건물의 두꺼운 벽은 단열성이 좋고 전체를 감싸는 구조로 되어 있어서 북동부 지역의 기후 특성에 적합하다. 특히 주목할 점은 화물 적재장, 수하물 보관소, 식당, 호텔, 광장 등 시설들이 모두 갖춰져 있고, 대부분의 기차역에 설치되 있는 부두형 플랫폼bay platform을 통과형 플랫폼으로 바꾸었다는 점이다. 건물의 규모와 질적인 면에서 당시 일본 남만주철도주식회사가 관리하던 봉천역(심양역)을 능가했다. 요녕역의 완공은 일본이 심양과 그 주변 지역의 철도운송을 독점하던 상황을 불식하며 중국 건축가와 기술인력들의 사기를 북돋워주었다.

---

7   劉怡, 黎志濤, 中國當代傑出的建築師建築敎育家―楊廷寶, 北京, 中國建築工業出版社, 2006, pp. 112-113.

## 3. 기술사적 가치

요녕역은 근대에 유학을 마치고 귀국한 한 건축가가 최초로 설계한 대형 철도역 중 하나로, 20세기 전반기 중국인의 대형 공공건물 설계와 건설능력을 보여준다. 경봉철도(북경-봉천)의 종착역이자 심해철도(심양-해룡)의 기점으로서 심양과 그 주변 지역의 여객과 물류 이동, 경제 발전을 크게 촉진했다. 1930년대에 중국에서 여객 운송 규모가 가장 큰 기차역이었다.

요녕역은 1996년에 심양시문물보호단위가 되었고, 2003년에는 요녕성문화재보호단위로 편입되었다. 2013년에 국가중점문물보호단위 목록에 올랐으며, 제7차 국가중점문물보호단위 중에서 최초의 심양지역 철도유산이 되었다.

# 21

전당강錢塘江 대교

## 1. 개요

절강성 항주시 갑구閘口 육화탑六和塔과 가까운 전당강대교는 전당강의 남북을 연결하는 도로·철도 겸용 대교이다. 대교의 남단은 항주 빈강구濱江區에서 절감浙贛 철도(항주-남창)와 만나고, 대교의 북단은 항주 항룡산杭龍山 동쪽 기슭에서 호항용滬杭甬 철도(상해-항주-영파)와 맞닿아 있다. 전당강대교는 절감철도와 호항용철도를 연결하는 교통의 중심이다(사진 21-2).

1905년 청나라 조정이 절강성에 자체적인 철도건설을 승인했다. 이후 절강전성철도공사(절강철도공사)가 여러 차례에 걸쳐 전당강 양안의 교량부지 측량을 진행했지만 결과적으로 교량 건설부지를 확정짓지 못했다. 1914년, 북양정부 교통부가 절강성 강소성의 민간철도를 국유화했다. 호항용철도의 영국계 총괄공사부가 항주 갑문閘門에서 남서쪽으로 32km 떨어진 부양현富陽縣에 교량을 만들 것을 제안했지만, 현장조사를 진행한 결과 강한 물살 때문에 교량부지를 확정짓지 못했다. 1929년 3월, 절강성 정부가 항강철도(항주-강산) 건설을 추진하여, 1932년에 소산蕭山-금화金華 구간 철도가 개통되었다. 같은 기간에 절서

〈사진 21-1〉
1937년 9월 전당강대교 건설 당시의 모습[1]

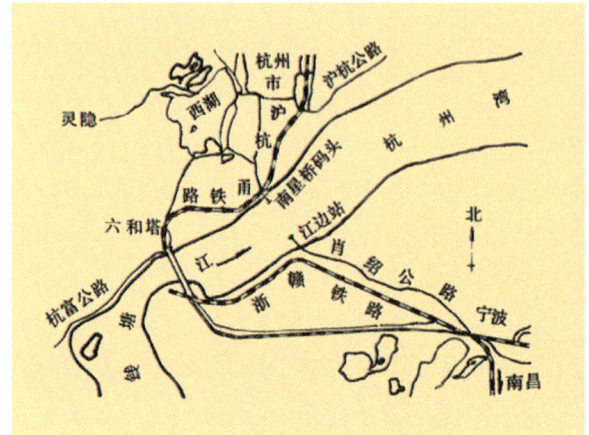
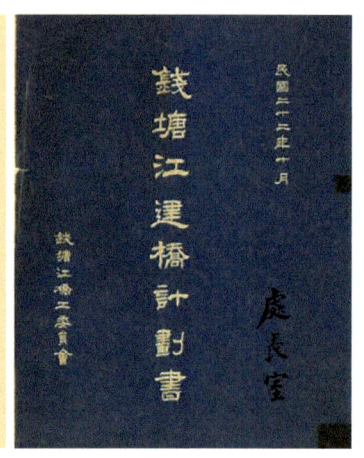

&lt;사진 20-2&gt; 전당강대교 건설부지 지형 설명도[2]

&lt;사진 20-3&gt; 1933년 10월 편찬된
『전당강 교량건설 계획서』
자료출처: 절강성기록관 소장 문헌

浙西 도로도 점차 활성화되고 전당강을 오가는 사람과 화물이 모두 배로 강을 건너면서 교량 건설의 필요성이 더욱 커졌다. 1932년, 절강성 건설청이 교량 건설을 제안했고, 같은 해 12월에 절강성 수리국이 선정된 교량부지에 대해 지질조사를 실시했다. 동시에 각계 인사들을 초청해 교량, 터널, 배 등 강을 건널 다양한 방안들에 관해 논의했다. 최종적으로 교량 건설이 경제성, 실용성 그리고 안전성 측면에서 뛰어나다는 다수의 의견에 따라 교량건설방안이 결정되었다[3].

1933년 3월, 절강성 철도국 국장 두진원杜鎭遠과 절강성 도로국 국

---

1 浙江省政府等中國鐵道百年畫册編輯委員會, 中國鐵道百年畫册[M], 北京, 中國鐵道出版社, 1991, p.60.
2 中國鐵路橋樑史編輯委員會, 中國鐵路橋樑史[M], 北京, 中國鐵道出版社, 1987, p.35.
3 中國鐵路橋樑史編輯委員會, 中國鐵路橋樑史[M], 北京, 中國鐵道出版社, 1987, p.34.

〈사진 21-4〉
나영(오른쪽 첫 번째),
모이승(오른쪽 두 번째),
콘라드 건설사 대표
콘라드(왼쪽 두 번째),
후항용철도 보조
수석엔지니어 화이트
하우스(왼쪽 첫 번째)
자료출처:
전당강대교 기념관

장 진체성陳體誠은 북양대학교에서 교수로 재직중이던 모이승茅以升 (1896-1989)에게 서신을 보내 전당강대교의 설계와 건설을 맡아줄 것을 요청했다. 모이승은 절강성 건설청장 증양포曾養甫의 지원 하에 미국 코넬대학교 동창이던 나영羅英(1890-1964)에게 함께 교량건설 준비작업에 참여할 것을 요청했다. 교량건설이 확정된 후, 외국의 금융기관으로부터 자금을 출자받기 위해 절강성 건설청은 국민정부 철도부의 미국인 기술고문 와델Waddel 박사에게 교량설계를 요청했다. 이어서 절강성 건설청은 1933년 7월에 '전당강 교량 건설위원회'를 구성하고 교량건설계획안4을 만들었다(사진 21-3). 1934년 4월에 '전당강 교량 건설위원회'를 '전당강 교량 건설처'로 개편한 후, 절강성 건설청이 여전히 사

---

4  1933년 10월에 편찬된 '전당강 교량 건설 계획'은 최초의 전당강 교량 문건으로 교량 건설의 이유, 교각 시추, 강물의 변화와 흐름, 교통 요건, 선로 연결 등으로 구성되어 있다.

업을 주관하고 모이승을 처장에, 나영을 수석 엔지니어로 임명했다.

1934년 11월에 전당강대교 착공식을 갖고, 1937년 9월-10월에 철도교와 도로교가 차례로 개통되었다. 교량건설의 총 예산이 480만 위안(자재수입관세 제외)에 달했는데, 이 비용은 국민정부 철도부와 절강성 정부가 절반씩 부담했다[5]. 교량건설에 다수의 국내외 기업들이 외주형식으로 참여했다. 본교의 돈대와 기초공사는 덴마크 콘라드Conrad 건설사, 북쪽 진입교 및 전체 도로교 바닥공사는 중국 동아공정공사, 남쪽 진입교는 중국 신형영조창, 본교의 거더는 영국 도먼 롱Dorman Long, 진입교의 거더는 독일기업 지멘스Siemens와 계약을 맺었다[6]. 모이승과 나영(사진 21-4) 등 외에도 매양춘梅暘春, 이학해李學海 등 엔지니어들이 교량설계와 건설에 참여했다. 이렇게 다양하고 효과적인 방안들을 통해 건설 과정에서 직면한 많은 난제들을 해결했다.

전당강대교의 설계 수명은 40~50년으로, 완공되자마자 곧바로 물자와 인력을 수송하며 송호항전淞滬抗戰(송호는 상해의 옛 이름으로 상해에서 벌어진 항일전쟁_역자주)을 지원했다. 1937년 12월 23일, 국민당군은 일본군이 항주에서 전당강대교를 통해 남하하는 것을 저지하기 위해 이 다리를 폭파하라는 명령을 내렸다. 항일전쟁에서 승리한 후 전당강대교 복원사업이 시작되면서 1949년 5월 초에 교량의 철도운송이 다시 중단되었다. 1953년 5월에 대교가 완전히 복원되어 재개통되었다.

---

5  中國鐵路史編輯研究中心, 中國鐵路大事記[M], 北京, 中國鐵道出版社, 1996, p.137.
6  中國鐵路橋樑史編輯委員會, 中國鐵路橋樑史[M], 北京, 中國鐵道出版社, 1987, p.34.

## 2. 기술적 특징

전당강대교 건설 이후 교량의 철골, 교각, 도로교 포장, 철도 교량 난간 등을 여러 차례 보수하고 교체하며 교량의 수명을 연장시켰다. 2017년 현재, 이 다리는 설계수명보다 30년 넘게 여전히 정상적으로 기능하고 있는 산업유산이 되었다(그림 21-5).

전당강대교의 기술적 특징은 우선 교량의 구조와 자재에서 드러난다. 교량은 상하부 이중 트러스 빔 구조로 되어 있다. 본 교량은 16개의 주공과 교각 15개로 구성되어 있으며, 트러스 빔은 크롬 합금강이다. 교량 상층은 왕복 2차선 고속도로로 총연장 1,453m이며, 그 중 주교량은 1,072m, 남안도로 진입교량은 93m, 북안도로 진입교량의 길이는 288m이며, 진입교량의 아치 빔은 탄소강으로 만들어졌다. 도로 교

〈사진 21-5〉 2018년 전당강대교의 전경
사진: 천페이양陳培陽

<사진 21-6> 1937년 완공 당시의 철도 교량 상판(왼쪽)
<사진 21-7> 1937년 완공 당시의 도로 교량 상판(오른쪽)

량의 상판 폭은 6.1m, 양측의 보도 폭 1.52m, 총연장이 9.14m이다. 교량의 하층은 길이 1,322m의 단선 철도교량이다. 교체橋體는 65.84m 경간에 주공 16개가 있는 단순보형 트러스 빔과 14.63m경간에 주공 2개가 있는 하로교형 스틸 거더로 되어있다. 철도 교량은 폭 9.10m, 높이 7.10m이다. 도로 교량의 설계하중은 H-15이고, 철도교의 설계하중은 E-50이다[7] (사진 21-6, 21-7).

둘째, 객관적인 비교를 통해 전당강대교의 설계안을 결정했다. 최초의 교량 건설안은 철도부 기술 고문이던 왈더 박사가 설계했는데, 철도와 도로의 평행형태를 채택했기 때문에 교량의 상판과 교각이 지나치게 넓고 길어서 교체橋體의 중량이 무거웠다. 전당강은 대형 선박이 통과할 수 없기 때문에 교각이 과도하게 넓을 필요가 없었다. 1933년 8월, '전당강대교 건설위원회'는 왈더 박사의 설계안을 재검토

---

7　中國鐵路史編輯研究中心, 中國鐵路大事記[M], 北京, 中國鐵道出版社, 1996, p.137.

하고 여러 계획안을 만들어 장단점을 비교해보기로 결정했다. 이를 위해, 나영을 비롯해 여러 전문가들이 몇 가지 설계안을 만들고 널리 의견을 청취했다. 최종적으로, 나영 등의 계획안이 왈더 박사의 계획안에 비해 약 200만 위안의 비용을 절감할 수 있고 합리적인 부지 선정과 국방 측면에서의 필요사항을 충족했기 때문에, 주무기관이 진행한 입찰에서 최종적으로 채택되었다.

마지막으로, 전당강대교는 현지의 여건에 맞는 시공방안을 채택했다. 중국의 엔지니어들은 전당강의 수문학, 지질학, 기상 데이터를 포괄적으로 조사하고 분석한 후, 현지의 자연조건에 맞게 일련의 시공방안을 채택했다. 첫째는 '워터제트법'으로 교각에 말뚝을 타설하는 문제를 해결했다. 깊은 퇴적 토사층에 물줄기로 깊은 구덩이를 뚫고(워터제트법) 말뚝을 타설함으로써 말뚝타설의 효율성과 공사의 진행속도를 높였다. 둘째는 '케이슨 공법'을 이용하여 교각 기반의 안정성 문제를 해결했다. 시공을 할 때, 철근콘크리트로 만든 케이슨을 강 바닥에 착저시킨 다음 고압공기로 케이슨 내부의 물을 빼내고, 시공 엔지니어들이 케이슨 내 굴착작업을 하는 방식으로 케이슨과 말뚝을 접합시켰다. 10톤 중량의 앵커로 케이슨을 고정한 후, 케이슨 위에 콘크리트를 타설하여 케이슨이 부유하는 문제를 해결했다. 세 번째는 '부운법'으로 스틸 거더를 가설하는 문제를 해결했다. 엔지니어들은 조수를 절묘하게 이용했는데, 전당강의 만조 때 배로 스틸 거더를 두 교각 사이까지 운반하고 썰물 때 스틸 거더를 두 교각 위에 얹는 방식(부운법)으로 노동력과 시간을 줄임으로써 거더 설치의 효율성을 높였다.

1936년, 모이승은 자신이 쓴 〈전당강대교 1년 간의 시공 과정〉에

<사진 21-8> 배를 이용한 부운법으로 가설한 스틸 거더
자료출처: 절강성기록관 소장 자료

서 다음과 같이 적었다. "교량의 시공은 자연의 힘을 활용하는 것이 무엇보다 중요했다. 계획한 장비와 설비가 장소와 시기별로 모두 달랐다. 위대한 자연의 힘을 통제하고 유도하여 내가 이용할 수 있도록 만드는……어떤 공사든 천시天時, 지리와 관련이 있기 때문에 한 장의 설계도면만으로는 결코 순조롭게 진행하기 어렵다. 만약 환경이 특수하고 작업이 험난하다면, 초기에는 일단 시도해 보는 것과 다를 바 없다. 이 교량의 공법은……국내뿐 아니라 해외에서도 거의 비교해볼 만한 사례가 없었다."[8]

---

[8] 원문이 1936년 12월 1일 『工程』誌 11권 6호 「전당강교 특별호」에 최초로 게재되었다.

## 3. 기술사적 가치

전당강대교는 중국이 직접 설계하고 건설한 최초의 철도와 도로 겸용 이중 트러스 거더교로, 중국의 교량사에서 하나의 이정표가 되었다. 이는 1930년대에 중국이 이미 대교를 설계하고 건설할 수 있는 능력을 갖추었다는 것을 입증한다. 설계자와 시공자들이 교량건설 과정에서 현지의 조건에 맞춰 기술적 방안을 찾아내고 성공적으로 완수했다. 이는 첨천우 이후 다음 세대 기술인력의 성숙도를 보여준다. 1937년 12월의 폭격은 공학적 걸작의 희생을 감수하고라도 항전하려는 결연한 의지를 보여준 것이다.

전당강대교가 중국의 근현대 교량 건설사에서 중요한 위치를 차지한다는 점이 인정되어, 2006년 5월에 국무원에 의해 제6차 국가중점문물보호단위로 지정되었고, 2016년 9월에는 20세기 중국의 건축유산목록에 등재되었다.

---

• 이후 1982년 중국인민정치협상회의 전국위원회 문화역사자료연구위원회가 편찬한 『文史資料選輯』(제59집) 중에 모이승이 쓴 『전당강교의 추억』이라는 글이 다시 게재되었다. 본문은 『茅以升科技文選』編輯委員會, 茅以升科技文選[M], 北京, 中國鐵道出版社, 1995, p.30에서 인용한 내용이다.

# 22

## 수강首鋼 석경산石景山
## 공업단지

## 1. 개요

수도철강공사[1](이하 '수도철강')는 북경의 서쪽 교외 석경산 지역에 위치해 있으며, 북경-천진-당산에 걸쳐 최대 규모의 철강기업으로, '채광, 세척, 제련, 압연' 등 일련의 생산공정을 모두 갖추고 있었다. 수도철강의 역사는 1919년 민국시기에 설립된 용연龍煙 철광공사로 거슬러 올라간다.

1918년 초, 북양정부는 민관 공동으로 용관龍關 철광석주식회사를 설립했다. 그리고 얼마 후, 장가구張家口에 있는 연통산煙筒山에서 채굴 가치가 높은 철광석이 발견되었고, 당시 주일공사였던 육종여陸宗輿가 연통산의 철광석을 용관철광에 넘겨줄 것을 북양정부 농상부에 요청했다. 1919년 3월, 농상부는 민관 공동으로 용연철광석주식회사(이하 '용연철광')의 설립을 정식 승인했다[2]. 제철소는 북경 서부 교외에 있는 석경산 지역에 건설되었으며, 1921년 봄에 미국으로부터 일일 생산능력 250톤(사진 22-1)의 고로高爐와 기타 설비를 도입했다. 1919-1928년, 용연철광은 연통산철광개발, 장군령석회석광산개발, 석경산제철소 등 3대 공사를 완료했다. 그러나 자금 부족으로 제철소 건설은 80% 밖에

---

1 수도철강공사의 명칭 변경은 다음 몇 단계로 나뉜다: 1919년 북경에 석경산 강철공장 설립, 1958년 석경산 강철공사로 명칭 변경, 1966년 수도강철공사로 변경, 1992년 수강首鋼 총공사로 변경, 2017년 수강집단유한공사(서우강 그룹)로 변경. 본문에서 기술하는 수도철강은 북경 석경산 지역에 있었던 수도철강을 말하며, 현재 당산 조비전曹妃甸에 있는 서우강 철강그룹은 포함되지 않는다.
2 黃伯達, 黎叔翊, 龍煙鐵礦廠志[M], 南京, 中華礦學社, 1934.

<사진 22-1> 1921년 건설 중이던 용연철광유한공사 석경산 제철소 1호 고로
수도철광 자료제공

진척되지 못해 가동되지 못했다[3]. 1928년까지 남경의 국민정부 농업광산부 관할 하에 있던 용연철광은 이후에 철도부 관할로 바뀌었다.

1937년 9월, 석경산제철소가 일본군에 의해 점령되면서 명칭이 석경산제철소, 석경산제철 광업소로 잇달아 변경되었다. 이 기간 동안에 일본은 기존의 250t 제철 고로(1호 고로)를 보강하고, 일본 가마이시 제철소에 있던 노후 고로를 들여와 일일 생산량 380t의 고로(2호 고로)를 건설했다. 또한 선철용 소형 고로 11기를 증설했다. 1945년 11월, 민국정부는 석경산제철소를 인수하고 이름을 '자원회원회 석경산강철창'(이하 '석강')으로 변경했다. 1949년 3월, 석강은 본격적으로 공사를 재개하여, 그해 4월과 6월에 광복 후 처음으로 코크스와 선철을 제련

---

[3] 首鋼黨委組織部, 首鋼檔案館 編, 首鋼足跡 1919-2009(上冊)[M], 北京, 中央文獻出版社, 2009, pp.8-20.

했다.

　1957년 말부터 2010년 말까지 53년은 수도철강의 도약기였다. 1958년 9월, 수도철강 최초의 3톤급 공기 측면 주입식 소형 전로轉爐가 가동에 들어갔다. 1959년 말, 수도철강이 건설한 3호 고로, 3호 코크스로 그리고 소결공장 등 3대 공사가 완공되어 생산에 들어갔다. 1962년 11월에 중국 최초의 시험용 공기 상부 주입식 전로轉爐를 완공했다. 1964년 12월, 중국 최초의 30톤급 공기 상부 주입식 전로를 건설하고, 첫 번째 쇳물을 성공적으로 제련했다. 1966년에 석경산 철강공사가 수도철강공사로 개칭했다. 1970년 9월, 수도철강의 첫 번째 수직만곡형 연속 주조기가 가동에 들어갔고, 1975년 2월에 두 번째 연속 주조기가 완성됨으로써 강철 빌렛을 연속 주조하는 새로운 공정을 시작했다. 1972년, 1,200m³ 규모의 4호 고로가 건설되었으며 지금까지 1, 2, 3, 4호 고로가 완공되었다.

　1980년대, 수도철강 석경산 지역의 주요 공장들이 기본적으로 완공되었다. 이 시기에 수도철강은 독일, 미국, 영국 등 구미국가에 탑-점화식 열풍로 기술과 미분탄 용광로 주입 기술을 수출했으며, 아울러 외국으로부터 중고설비를 들여와 개조했다. 1985년 1월, 수도철강과 벨기에 코케릴사 대표가 브뤼셀에서 사일란제철소와 발페르선재공장 인수계약을 체결함으로써, 개혁개방 이후 국영기업이 시행한 최초의 해외 철강기업 인수사례가 되었다[4]. 수도철강은 이렇게 대규모 철강공

---

4　胡景山, 鋼鐵傳奇——百年首鋼百年中國鋼鐵傳奇[M], 北京, 中央文獻出版社, 2014, p. 139.

〈사진 22-2〉 2010년 말 수도철강이 가동을 중단하기 전 분주히 돌아가던 모습[5]

장을 해체하여 중국으로 옮겨왔고, 이를 기반으로 수도철강의 두 번째 철강공장을 세웠다.

21세기에 들어오면서 수도철강은 미래의 철강산업 구조조정과 2008년 북경 '녹색 올림픽' 약속을 실현해야 하는 상황에 직면했다. 2005년, 국무원이 〈수도철강 이전, 구조조정 및 환경관리 방안〉을 비준하면서, 수도철강은 북경 외곽으로 이전하기 시작했다. 2010년 12월 말까지 기존의 북경 석경산 지역 공장들이 모두 가동을 중단했는데(사진 22-2), 이로써 91년에 이르는 북경에서의 철강 생산이 종료되었다.

[5] 사진출처:http://news.ifeng.com/photo/hdsociety/detail_2011_01/14/4280850_0.shtml.

## 2. 현황

수도철강은 현대적인 철강 대기업으로서 '채광, 세척, 제련, 압연'의 전 공정라인을 갖추고 있었다. 석경산공업단지가 가동을 중단한 후 보존과 재활용이 시급한 많은 산업유산들을 남겼다(사진 22-3). 그 중 기술적 가치가 있는 산업유산으로 제철소, 제강공장, 코크스화, 소결 등

〈사진 22-3〉 수도철강 석경산지구의 공장 배치 및 산업유산[6]
정리: 펑수징馮書靜

---

6   이 지도는 Macromedia Fireworks 8과 Ovi Map 브라우저를 이용하여 관련 위성 사진을 처리한 것이다.

공장지역이 있다. 현재는 주로 대규모 시설과 설비 등 이동불가한 산업유물과 이동가능한 산업유물을 포함하여 제철소와 코크스공장이 남아 있다.

수도철강의 이동불가한 유산은 고로, 전로, 냉각탑, 가스탱크, 코크스로, 원료창고 등 기타 설비를 포함하여 제철소와 코크스공장 시설들이 있다.

제철소의 주요 설비는 1-4호 고로들이다. 고로들은 운영과정에서 대대적인 개보수를 거쳐 현재의 형태를 갖추었다. 가장 오래된 1호 고로는 1919년부터 건설되기 시작하여 일본인들의 복원을 거쳐 1942년 11월에 가동을 시작했다. 1960년대와 1970년대는 세계적으로 고로의 구조가 대형화되는 추세였고, 고로의 형태도 점차 가늘고 긴 형태에서 짧고 굵은 형태로 진화했다. 1962년, 1호 고로를 대대적으로 정비하면서 low-shaft 고로로 개조했다. 1994년, 수도철강 1호 고로(사진 22-4)는 기존의 오래된 1호 고로를 이전하여 개조한 것으로, 용량이 2,536m³였다. 이 고로는 원격조정 유압 Mud Gun과 탭홀 천공 머신, 건식 분진제거, 차압 발전 그리고 고로 내부 물질 분포 변화를 반영한 고로 상부 온도 열영상 장비 등 32개 기술이 적용되었다. 이 가운데 4개 항목은 당시 고로에 최초로 적용된 기술이었다[7]. 2010년 12월 19일, 1호 고로가 가동을 멈추고 퇴역했다.

구형 2호 고로는 1943년 2월에 가동을 시작했다. 일본은 1929년

---

[7] 首鋼薰委組織部, 首鋼檔案館 編, 首鋼足跡 1919-2009(上冊)[M], 北京, 中央文獻出版社, 2009, p.298.

<사진 22-4>
수도철강 1호 고로
사진: 치엔웨이潛偉

<사진 22-5>
수도철강 2호 고로
사진: 치엔웨이潛偉

<사진 22-6>
수도철강 3호 고로 내부
사진: 치엔웨이潛偉

가마이시제철소에서 제작한 8호 고로를 철거하여 석경산으로 옮겨와서 일일 철 생산량 380톤에 달하는 2호 고로와 부대시설을 건설했다[8]. 1945년 8월에 일본이 항복했을 때 이 고로가 불에 탔지만 그 뒤 수리를 거쳐 1951년 2월에 생산을 재개했다. 1979년 12월, 수도철강의 신형 2호 고로(사진 22-5)가 완공되어 가동에 들어갔는데, 유효 용량은 1,327m³이었다. 미분탄 용광로 주입 기술, 탑-점화식 열풍로, 고압 미분탄 고로 주입 방식, 대형 상부 연소식 열간 용광로, 고압 제어 방식의 Bell-less top of Blast furnace 기술을 채택했고, PLC(프로그래밍 가능 논리 제어 장치) 공급 시스템을 최초로 적용했다[9]. 이것은 수도철강이 독자적으로 설계, 제작, 설치한 최초의 현대식 용광로였다[10]. 1983년, 2호 고로가 자동화시스템으로 전환하면서 완전한 자동제어방식을 실현했다.

구형 3호 고로는 1944년 2월에 건설되었다. 일본은 오타니제철소의 노후설비를 가져와서 일일 철 생산량 600톤의 3호 고로 착공에 들어갔는데, 1945년 8월 일본이 항복했을 당시에 공사 진척도가 58%였다. 1959년 5월, 3호 고로가 완공되어 가동을 시작했다. 이 고로는 용량 963m³, 연간 458,000톤의 철 생산이 가능하도록 설계되었다. 이를 바탕으로 1993년 6월에 신형 3호 고로가 완공되었는데(사진 22-6), 용량이 2,536m³으로 24시간 동안 6,000~6,500톤의 철을 생산할 수 있었다

---

8 首鋼黨委組織部, 首鋼檔案館 編, 首鋼足跡 1919-2009(上冊)[M], 北京, 中央文獻出版社, 2009, p.40.
9 向四化進軍中一項敢於創新的範例——首鋼新二號高爐投產[J], 冶金設備, 1980(1), pp.8-9.
10 向四化進軍中一項敢於創新的範例——首鋼新二號高爐投產[J], 冶金設備, 1980(1), pp.8-9.

11. 2010년 12월 생산을 중단하기까지 총 3,548만 톤의 철을 생산했다. 이 장수長壽 고로는 수도철강의 가장 대표적인 시설로서 수도철강의 건설과 변천사를 지켜보았다.

4호 고로가 완공되어 1972년 10월 생산에 들어갔다. 용량 1,200m³, 연간 철 생산량은 85만톤이었다. 고로 상단에 릴리프 밸브와 압력 균등화 장치가 장착되었고, 고로 앞쪽 Mud Gun과 열풍로의 열풍밸브에는 유압 전달장치가 장착되어 있었다[12]. 1992년 5월, 4호 고로

<사진 22-7> 수도철강 4호 고로(위)
<사진 22-8> 수도철강 코크스화 공정 작업장(아래)
사진: 펑수징馮書靜

(사진 22-7)가 대대적인 보수를 완료하고 가동에 들어갔는데, 유효용량이 2,100m³로 증가했다[13]. 이 보수공사에서 BF push technology를

---

11  일반적으로 고로의 수명은 10년으로 사람의 100세에 해당하는데, 3호 고로는 17년 6개월 동안 큰 정비 없이 가동을 이어왔다. '100세 장수 고로'인 셈이다.
12  首鋼黨委組織部, 首鋼檔案館 編, 首鋼足跡 1919-2009(上冊)[M], 北京, 中央文獻出版社, 2009, p.192.
13  首鋼黨委組織部, 首鋼檔案館 編, 首鋼足跡 1919-2009(上冊)[M], 北京, 中央文獻出版社, 2009, p.282.

<사진 22-9> 수도철강 부지의 한 귀퉁이에 있는 다양한 유형의 적재차량
정리: 펑수징馬書靜

적용해 높이 32.9m, 중량 2,440톤에 달하는 새로 조립된 고로 본체를 39.5m로 안착시켰다. 이는 중국에서 처음 적용된 기술로 이 분야의 기술격차를 좁혔으며, 후에 다른 산업 분야의 대형설비나 장치의 설치에도 광범위하게 적용되었다.

수도철강은 중국에서 산소전로법을 이용한 제강 설비의 발상지이다. 산소전로 제강법은 LD 제강법이라고도 하는데, 세계적으로 1952년 11월에 최초의 LD전로가 오스트리아에 세워졌다. 중국은 1950년대 말에 산소전로 제강법 시험을 진행하고, 1962년에 수도철강 시험공장 3톤 전로에서 양산테스트를 진행했다. 1964년 말, 중국 최초의 30톤급 산소전로가 수도철강에 건설되어 생산을 시작했다. 이후,

산소전로 제강법이 중국에서 철강산업의 판도를 바꿔놓았다[14]. 하지만, 산업단지 재개발로 인해 수도철강 1호, 2호, 3호 제철소의 설비들이 대부분 철거되었다.

현재 수도철강에 있는 코크스공장의 신형 3호 코크스로(사진 22-8)는 1994년에 수도철강이 설계 제작한 것이다. 컴퓨팅시스템 자동제어, 코크스 guide car 적외선 측정, 코크스 분진 제거 등 수준이 세계적으로 앞서 있었다[15].

기술적 가치를 지닌 수도철강의 이동가능한 산업유산은 주로 두 곳에 보존되어 있다. 수도철강의 기계수리공장에 있었던 선반, 밀링 머신, 평삭반 등 여러 공작기계와 전임 간부들이 사용하던 승용차, 노동자들이 사용하던 공구와 생활보조설비 등 유물의 일부가 수도철강박물관 창고에 보관되어 있다. 나머지 유물들은 수도철강 공장부지 한 모퉁이에 있는 운송 및 적재 차량에 보관되어 있다(사진 22-9). 창고에 보관되어 있는 각종 유물들이 혼재해 있어서, 본문에서 소개하는 산업유산은 주로 특수운송차량, 하역차량 등 이동가능한 유산들이다.

1990년에 수도철강이 제작한 260톤급 어뢰형 혼선차(사진 22-10)는 '어뢰 탱크차'로 불렸는데, 25가지 선진기술이 탑재되어 있었다. 이는 중국 최초의 대형 어뢰탱크차로 전장 24.3m, 폭 4.6m, 높이 4.5m, 중량 139톤, 용선용량은 260톤이었다.

쇳물차는 쇳물을 주조설비나 제련공장으로 운송하는 특수운송차량

---

14 卜禾, 李雨膏, 我國轉爐鍊鋼自動化的進展[J], 冶金自動化, 1983(1), pp.1-6.
15 首鋼黨委組織部, 首鋼檔案館 編, 首鋼足跡 1919-2009(上冊)[M], 北京, 中央文獻出版社, 2009, p.296.

<사진 22-10> 수도철강의 260톤급 어뢰형 혼선차 3호 고로 내부
사진: 치엔웨이潛偉

<사진 22-11> 65톤급 쇳물차
펑수징馮書靜

이다. 현재의 60톤급 쇳물차(사진 22-11)는 1966년 7월에 제작된 것으로, 자중 39.3t, 하중 65t으로 수도철강에서 유일한 쇳물차이다.

이외에도 수도철강에는 K18D 공압 덤프 트럭, 120톤급 잉곳 운반 트럭, 60톤급 평상형으로 개조한 트럭(빌렛 운반 트럭), 16m³ 슬래그 운반 탱크로리, 16.5m³ 슬래그 운반 트럭, C62A 무개차, KF-60 공압 덤프트럭, 석회 수송용 탱크로리 그리고 FG 고철 수송용 트럭 등 이동가능한 산업유물들이 있다.

## 3. 기술사적 가치

수도철강은 91년의 세월 동안 근대 중국의 민족자본이 세운 철강산업과 기술발전의 지난한 과정을 지켜보았고, 뿐만 아니라 신중국 철강산업의 발전과 혁신을 대변해왔다. 현존하는 고로와 기타 시설들은 1960년대부터 중국의 기술력을 바탕으로 독자적으로 설계하고 건설한 현대식 고로의 산물이며, 중국에서 고로 유형이 근대에서 현대로 변천해온 생생한 증거이기도 하다. 제철설비 진화의 관점에서 볼 때, 이는 뛰어난 기술사적 가치를 지닌다.

수도철강은 중국에서 산소전로법의 발상지였지만, 안타깝게도 수도철강의 제강시설들은 이미 철거되었다. 앞으로 현존하는 생산시설, 특히 기록문헌 등 이동가능한 유물의 보존과 연구를 통해 수도철강의 기술사적 가치를 탐구함으로써 수도철강이 남긴 중요한 유산과 유물들이 사라지는 상황이 없기를 바란다.

# 23

## 태원太原 화학공업공사

## 1. 개요

태원화학공업은 신중국의 제1차 5개년 계획 기간에 설립된 복합기업이다. 제1차 5개년 계획 기간에 소련의 지원으로 추진된 건설 프로젝트들 중에 태원비료공장, 태원화학공장, 태원제약공장, 태원화력발전소가 있었다. 당시에 태원은 난주, 길림과 함께 중국의 3대 화학공업기지로 불렸다[1]. 1958년부터 1961년까지 화학공장, 인비료공장, 황산공장, 코크스공장 등이 차례로 완공되었다. 1958년 말에 태원화학공업단지를 기반으로 태원화학공업공사가 설립되었다[2]. 1965년, 태원화학공업이 분리되어 각 공장들이 독립적으로 운영되었다. 1982년, 태원화학공장, 태원비료공장, 태원인비료공장을 포함한 자회사를 거느린 태원화학공업의 조직구도가 다시 복원되었다[3]. 1985년까지 45개 생산라인을 갖추고 50여 종의 화공제품을 생산했다. 이 가운데 주요 제품의 연간 생산능력을 보면, 합성 암모늄 15만 톤, 질산암모늄 28만 톤, 일반 인산칼슘 20만 톤, 황산 20만 톤, 수산화나트륨 4만 5천 톤, 탄산나트륨 3만톤, 메탄올 2만 5천 톤, 페놀 8천 톤, 폴리염화비닐 1만 톤, 카프로락탐 5천 톤이었다.

합성 암모늄은 태원비료공장의 핵심 제품이었다. 1949년 이전까지 전국적으로 암모늄공장은 남경南京과 대련大連 두 곳 뿐이었다. 상

---

1 『當代中國』叢書編輯部, 當代中國的化學工業[M], 北京, 中國社會科學出版社, 1986, p.14.
2 劉永昌, 前進中的山西化學工業[J], 山西化工, 1959(4), p.2.
3 太原化學工業公司辦公室, 太原化學工業公司恢復[J], 現代化工, 1982(4), p.44.

해에도 수전해 수소를 원료로 하는 소규모 암모늄 합성공장이 있었는데, 연간 암모늄 생산량은 4만 6천 톤이었다. 태원화공은 소련의 설계와 전체 설비 제공을 기반으로 1961년에 가동되었다. 이곳의 생산라인에는 암모니아와 질산암모늄 생산설비가 있었으며, 연간 합성 암모늄 5만톤, 질산암모늄 9만 톤을 생산했다. 이는 당시 합성 암모늄 생산의 발전된 수준을 보여준다. 연간 질산암모늄 생산량 9만 톤을 기준으로 계산했을 때, 태원화공이 가동을 중단하기 전까지 50년 동안 총 450만 톤의 화학비료를 생산함으로써 농업 생산량 증대에 큰 기여를 했다.

새로운 암모니아 합성기술이 나왔지만, 태원비료공장의 일부 생산기술과 설비들이 이미 노후화되어 있었다. 1980년대까지 황산의 3분의 1이 여전히 1930년대 초에 소련에서 들여온 BX3 배소로에서 생산

<사진 23-1> 구리 세척장 외관
사진: 왕페이치옹王佩瓊

<사진 23-2> 냉동 작업장 외관
사진: 왕페이치옹王佩瓊

되었으며, 수산화나트륨의 절반이 1940년대 소련식 BTK-13 전해조에서 생산되었다. 용제, 도료, 염소산칼륨 등은 여전히 농부산품을 원료로 사용했으며, 규모가 영세하고 가격이 높아 석유화학 기술기업들과 경쟁하기 어려웠다. 코크스공장은 1940년대부터 재활용 공정기술을 사용해왔기 때문에 기계화 및 자동화 수준이 낮고, 노동조건이 열악했으며 오염도 심각했다.

　태원화공은 2011년에 합성 암모늄 생산을 중단하고 생산설비 이전과 함께 청서淸徐 신소재 화공단지를 건설하기 시작했다. 태원화학공업의 역사적 유산을 효과적으로 보존하기 위해 태원시 정부와 태원화학공업은 대표적인 일부 석탄화학 장비를 영구 보존하고, 암모니아 공장 부지 옛터에 문화혁신산업과 산업박물관, 그리고 산업유산의 문화적 가치를 발굴하기 위해 태화泰化 산업유산 공원을 조성하기로 결정했다. 현재 태원화학공장은 생산을 중단한 상태이며, 공장건물과 설비라인들은 그대로 보존되어 있다. 관련 산업유산 보호계획이 완성되어 일부는 이미 착공에 들어갔다.

## 2. 현황

　현재 남아있는 태원화학공업 암모늄 합성공장의 산업유산으로 구리 세척장(사진 23-1), 냉동 작업장(사진 23-2), 프릴타워(사진 23-3), 합성 작업장(사진 23-4) 그리고 수송관(사진 23-5) 등 시설들이 있다. 산업유산이 밀집해 있고 전체적으로 비교적 완전하게 보존되어 있어서 '태화'

<사진 23-3> 과립탑
사진: 왕페이치웅 王佩瓊

<사진 23-4> 합성공장
사진: 왕페이치웅 王佩瓊

<사진 23-5> 작업장을 연결하는 파이프라인
사진: 왕페이치웅 王佩瓊

산업유산의 정수로 꼽히며 '핵심보존구역'에 속한다. 구리세척은 암모늄 합성공정 중에 구리액(구리(II)아세테이트, 암모니아수) 생산과정에서 발생하는 일산화탄소($CO$), 이산화탄소($CO_2$) 등의 가스를 흡수하는 공정이다. 암모늄 합성은 암모니아 합성공정에서 암모니아 생성물을 형성하는 공정이다. 현재 구리 세척장의 구리세척타워 및 기타 장비, 암모니아 합성장의 합성 타워 및 기타 장치, 냉동 작업장의 냉동기계 및 기타 장치가 고스란히 남아 있다. 암모니아 합성 타워의 내부 실린더 구조가 매우 정교해서 타워의 벽이 고온과 고압에 견디도록 설계되었다. 이 분야의 기술발전사에서 중요한 의미를 지닌다. 산업단지 내에서 망원경 모양의 건물이 눈길을 끄는데, 이곳은 니트라민 제품의 과립화 공정을 진행하던 곳이다. 1958년에 세워진 이 '과립탑'은 소련 건축양식으로 지어졌는데, 현재 중국에서 유일하게 남아있는 과립탑이다. 공장의 다른 부대 작업장들도 비교적 잘 보존되어 있다.

## 3. 기술사적 가치

태원화공이 남긴 산업유산들은 화학원료와 비료생산 기술이 발전해온 과정 그리고 화학공업이 농업발전에 기여한 사실을 대변한다. 태원화공은 '제1차 5개년 계획' 기간 동안에 소련이 지원했던 주요 건설 프로젝트 가운데 하나로서 중소우호의 역사와 소련의 기술이 중국으로 이전된 역사를 뒷받침하는 증거이기도 하다.

화학공업에서 매우 중요한 위치를 차지하는 암모니아 합성과 화학비료 생산기술은 무기화학 분야의 핵심이다. 이 분야 기술의 완성도와 독창성은 태원화학공장이 산업유산으로서 가진 특별한 가치이다. 태원화학공장이 도입한 소련의 암모니아 생산설비는 가동을 멈췄지만 지금도 온전히 보존되어 있다. 5만톤급 암모니아 생산설비와 소련식 과립탑은 중국에서 유일하게 이곳에만 남아있다.

지속적인 화학비료 사용으로 환경과 인류의 건강에 심각한 문제가 발생하면서 지속적으로 새로운 설비와 공정기술들이 개발되었다. 1970년대부터 중국은 영세하고 낙후된 생산시설과 기술을 대체하기 위해서 미국, 일본, 프랑스 및 여러 나라로부터 새로운 암모니아 합성공정과 설비를 도입하거나 독자적으로 새로운 설비와 기술을 개발하기 시작했다. 기술 진화의 관점에서 볼 때, 태원화학공장의 산업유산은 기술의 세대교체와 기술소외의 역사적 과정을 말해준다.

2011년 진양호晉陽湖 개발사업이 시작되면서, 이 사업의 주요 대상인 태원화학공장의 산업유산을 보존하는 것이 점점 어려워지고 있다. 전체를 보존하려면 많은 재원이 필요한데, 재원을 마련할 수 있을지 여부가 여전히 불확실하다. 지방정부와 기업이 산업유산 보존의 문화적 가치와 사회적 의미를 알고 있지만, 그 경제성에 대해 여전히 확신하지 못하고 있다. 향후에 태원화학공장의 산업유산이 보존될 수 있을지 지켜봐야 할 것이다.

# 24

## 제일第一 트랙터제조창

## 1. 개요

제일第一 트랙터제조창(이하 '제일트랙터')은 소련의 지원으로 추진된 '156 프로젝트' 중 하나로, 중국 농기계 산업의 '장자'로 불릴 만큼 중국 최초이자 최대의 트랙터 공장이었다. 이 공장은 하남성 낙양시 건시구에 위치하고 있으며, 부지 645.1만m², 건축 면적 1,807만m²으로[1] '트랙터 타운'으로도 불린다. 1953년에 공장 건설 준비작업에 착수하여 1955년에 착공했으며, 1959년에 완공되었다(사진 24-1)[2]. 1997년에 제일터랙터는 사명을 '중국제일터랙터유한공사'로 변경하고, 중국제일기계그룹 산하에 편입되었다.

1950년대까지 제일터랙터의 생산계획과 주요 기계설비를 소련이 담당했다(사진 24-2)[3]. 전체 공정에 대한 기본설계와 기술은 소련 국영 자동차 및 트랙터 설계연구소가 담당했으며, 소련 하르키우 트랙터공장이 생산라인 설계를 맡고 DT-54 트랙터도면을 제공했다[4]. 공장 내 각 작업장의 확장을 위한 예비설계와 일부 핵심 작업장 시공설계는 소련 하르키프 농기계 설계 연구소가 담당했고, 그외 설계는 중국의 15개 기관들이 맡았다. 소련측이 설계 도면, 기술자료 및 기계설비를 제공하고 40명의 전문가를 파견하는 등 기술이전이 성공적으로 추진

---

1  이중 작업장의 건물 면적은 86만3,700m²이고 생활복지와 문화시설의 건물면적은 94만4,000m²이다.
2  第一拖拉機制造廠廠志總編輯室, 一拖廠志(1953-1984)第一卷, 上冊[M], 洛陽, 第一拖拉機制造廠, 1985.
3  중소 양국 정부가 1953년 11월 27일에 체결한 102306호 합의서이다.
4  DT-54 트랙터가 중국 제일 트랙터가 생산한 동방홍-54 터랙터의 원형이다.

<사진 24-1> 제일터랙터 공장 준공 후의 모습
사진출처: 『一拖廠誌』

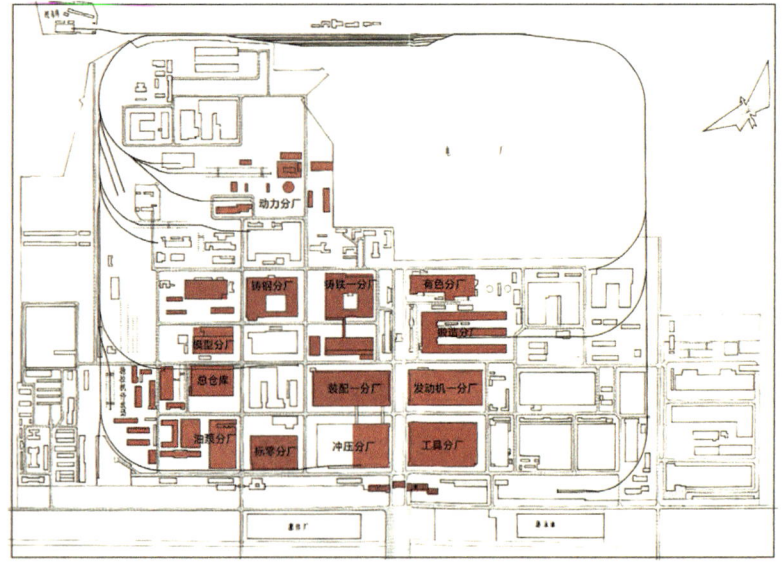

<사진 24-2> 제일터랙터의 1기 공정계획 설명도
사진출처: 『一拖廠誌』

될 수 있도록 지원했다.

　1959년 10월, 제일터랙터는 11개의 기본 생산공장과 3개의 보조 생산공장을 포함하여 완전한 생산체계를 구축했다. 총 92개의 생산라인과 9,691개의 다양한 기계설비가 갖춰졌는데, 그중 1,599개의 기계설비는 해외에서 들여온 것이었다. 당시의 공장건물은 주로 철근콘크

<사진 24-3> 제일터랙터 농경박물관에 전시되어 있는 동방홍-54 무한궤도식 트랙터
사진: 왕민王民

리트 프리스트레스 구조로 되어 있었다. 개혁개방 시기에는 새로 공장을 짓기 보다는 주로 신제품 생산에 맞춰서 일부 노후 생산라인을 리모델링했다.

1958년 7월 20일, 제일터랙터는 신중국 최초의 트랙터 동방홍-54 무한궤도식 트랙터를 조립 생산했다(사진 24-3). 그 후 제품개선을 통해 1959년에 동방홍-75 무한궤도식 트랙터 시제품을 성공적으로 개발했다. 1970년대까지 동방홍 트랙터가 중국에서 농업 기계화의 60% 이상을 담당했다. 개혁개방 이후, 크롤러 트랙터 단일 제품만 생산하던 제일터랙터는 점차 차륜식 트랙터, 바인더, 로드 롤러, 굴삭기, 적재기, 트럭 등 다양한 제품들을 생산하기 시작했다. 제일터랙터는 농업 및 다른 산업 분야까지 지속적으로 영향력을 확대하며 지금까지 약 400만 대에 달하는 트랙터와 기타 기계장비를 생산했다. 오늘날 제일터랙터의 대형, 중형, 소형 트랙터가 시장점유율과 재고 면에서 중국 국내 1위를 차지하고 있다.

## 2. 현황

제일터랙터공장의 작업장들이 잘 보존되어 있으며, 소련으로부터 원조를 받던 시기에 세워진 공장 건물들 대부분이 지금도 사용되고 있다(사진 24-4). 웅장하고 통일된 조화미가 드러나는 공장의 주요 건물들이 대칭구도를 이루고 있다. 건물의 정면부는 붉은 색을 기본색으로 붉은 벽돌 장식이 들어가 있어 색채의 조화가 엿보이고, 그외에 세심한 장식들이 풍부하다. '소련식 건축'에 중국의 전통적인 건축요소가 결합된 중국 산업사의 중요한 유산이다. 또한 공장을 건립할 때 설치된 많은 소련산 장비들과 상해, 곤명, 심양, 대련, 무한, 치치하얼, 무석 등 지역의 여러 기업들이 제공한 기계장비들이 지금까지 보존되어 있다. 수량으로만 보면, 이 기계설비들로 대규모 작업장을 만들고도 남을 정도이다.

제일터랙터 바로 앞에 동방홍 광장이 있는데, 공장 건설 초기의 형태가 여전히 남아 있다(사진 24-5). 높이 9m의 마오쩌둥 주석 입상을 중심으로 뚜렷한 대칭구조를 이루는 광장은 당당한 기세와 시대적 특징을 잘 보여준다. 광장을 시작점으로 공장 내부로 들어가는 주축선이 뻗어있고, 주요 도로들이 주축선과 연결되며 중앙의 전경을 형성하는 회랑구조이다. 이는 소련식 주축선 구도를 적용한 전형적인 기술이전

<사진 24-4> 위에서 굽어본 제일터랙터공장의 전경
사진출처: 『一拖廠誌』

사례라고 할 수 있다[5].

공장의 정문과 사무동들은 1956년에 건축되었으며(사진 24-6), 다층 벽돌콘크리트 구조로 공장 앞 광장과 함께 공장 전면부를 형성한다.

5  韋拉, 劉伯英, 從"一汽""一拖"看從美國向蘇聯再向中國的工業技術轉移[J], 工業建築, 2018, 48(08), p.2331.

<사진 23-5>
제일트랙터 정문쪽 광장의 전경
사진출처: 인터넷

<사진 24-6> 공장 정문과 사무동의 외관 전경
사진: 바이쉐白雪

정문의 양쪽으로 두 개의 사무동이 대칭을 이루며 배치되어 있고, 구름다리를 통해 정문과 연결된다. 정문의 처마 정중앙에는 당 휘장, 낫, 오성五星, 깃발, 궤도 등 사회주의 산업문화를 형상화한 조각들이 장식되어 있다. 정문 양쪽에 있는 사무동의 지붕은 사면이 경사진 '망토 모양의' 목조 지붕이다. 후에 건물을 잇는 구름다리를 보강하고 동서 양쪽의 사무동을 원형대로 리모델링했다. 입구에 주랑, 처마, 기둥머리. 풍부한 각선, 정교한 장식 등을 갖춘 소련식 건축양식들이 그대로 남아있다.

스탬핑 작업장은 1956년에 착공되어 1959년에 완공되었다. 이 작업장은 1960년에 서쪽으로 확장 공사가 진행되었으며, 1970년에 스탬핑 작업장으로 명칭이 변경되었다. 소련식 건축양식(사진 24-7)의 이 작업장은 중심축을 기준으로 대칭을 이루며, 규칙적인 평면 구도와 동일한 간격으로 늘어선 기둥 그리고 개방형 내부공간으로 되어 있다. 높낮이가 다른 측면의 창들과 직사각형 모양의 천창을 통해 채광을 확보했다. 공장의 동쪽에 있는 벽돌콘크리트 구조의 사무건물은 공구작업장의 서쪽 정면부와 마찬가지로 공장 내부의 주축선을 따라 대칭을 이루며 통일된 구조를 띤다. 스탬핑 작업장은 원래 무한궤도식 트랙터용 스탬핑 부품을 생산했다.

〈사진 24-7〉 스탬핑 작업장 외관(위)
〈사진 24-8〉 엔진공장 외관(아래)
사진: 웨이라偉拉

엔진공장과 스탬핑 작업장은 같은 시기에 지어졌는데, 유사한 건물 외관과 통일된 양식을 가지고 있다(사진 24-8). 1984년에 엔진 1공장으로 명칭이 변경되었다. 단층의 넓은 공장 내부가 공간의 기능과 작업라인에 맞게 구역별로 명확하게 구분되어 있으며, 12×12m, 12×18m 의 표준화된 기둥들이 격자 형태로 생산구역, 보조구역 그리고 사무구 역을 구분짓고 있다. 서쪽은 벽돌로 된 사무동으로, 각선, 부조, 처마 등 세부장식이 잘 드러나있다. 엔진공장은 본래 54형 트랙터 엔진 부 속품 247종을 생산하다가 1958년 7월에 처음으로 무한궤도식 트랙터 에 들어가는 AE-54 디젤엔진을 생산했다.

공구공장은 1955년에 착공되어 1959년에 완공되었으며, 1978년에 공구처로 이름이 바뀌었다. 공장의 구조는 단층 철근콘크리트 구조로 조립식 철근콘크리트 기둥, 대들보, 도리, 리브볼트 지붕[6] 그리고 사다 리꼴 철골 지붕 트러스, 철골 구조의 U자형 천창 등 채광과 환기 시스 템을 갖추고 있다. 소련의 지원을 받아 세워진 조립공장, 스탬핑 작업 장, 엔진공장 등도 기본적으로 동일한 설계로 되어 있다. 공장의 서쪽 에는 벽돌콘크리트 구조의 소련식 사무건물이 대칭구도를 이루고 있으 며, 중앙에 2층 높이의 현관이 돌출되어 있다(사진 24-9). 초기에, 공구 공장은 54형 무한궤도식 트랙터용 비표준 공정 장비 총 23,100종을 생 산했다. 공구공장 내부에는 1956년에 제작된 소련제 선반 등 소련제 설비와 중국 국내에서 제작한 장비들이 설치되어 있다(사진 24-10). 작 업장 내에 구형 장비를 갖춘 연마작업장도 있다(사진 24-11).

1956년에 세워진 조립공장은 원래 차대 조립장이었는데, 1984년 에 조립1공장으로 명칭이 변경되었다. 큰 공장건물(사진 24-12)의 본체

---

[6] 『洛陽建築志』編纂委員會 編纂, 洛陽建築志[M], 鄭州中州古籍出版社, 2004; 白雪, 第一 拖拉機制造廠建設歷史硏究[D], 廣州, 華南理工大學, 2016.

〈사진 24-9〉
공구공장 외관
사진: 웨이라偉拉

〈사진 24-10〉
소련제 연마기
사진: 닝페이쥔寧培俊

〈사진 24-11〉
연마 작업장
사진: 닝페이쥔寧培俊

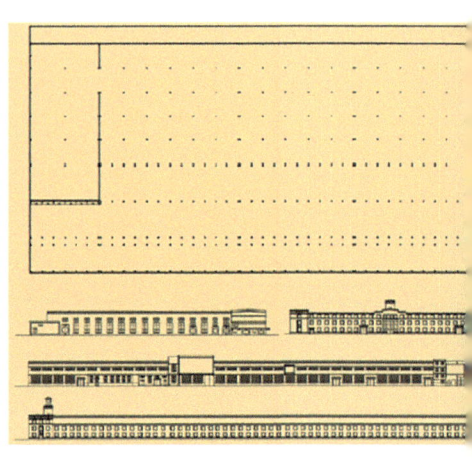

<사진 24-12> 조립장 외관

<사진 24-13> 조립장 평면도와 정면 설명도(오른쪽)
자료출처: 『洛陽50年代工業遺産適宜性再利用改造設計探索』

는 9개의 경간으로 이뤄져 있고, 북쪽과 남쪽은 각각 6×6m, 6×12m, 12×12m의 기둥이 격자구조를 이루고 있다(사진 24-13). 내부의 남쪽은 무한궤도식 트랙터 조립 생산라인이 있었던 곳이다(사진 24-14). 생산공정으로 인해 변경된 일부 크레인 라인과 설비를 제외하고 나머지는 공장 초기의 모습 그대로이다[7]. 동쪽의 벽돌콘크리트 사무건물의 지붕 중앙에 소련식 장식탑이 있다. 이 작업장에서 무한궤도식 트랙터를 조립 완성하는 공정뿐 아니라 일부 부품의 가공작업도 했다. 1958년 7월부터 대량의 무한궤도식 트랙터가 이곳의 조립라인을 거쳐 출고되었다(사진 24-15). 지금도 작업장 내에 소련제 선반들이 많이 남아 있다(사진 24-16, 24-17).

---

[7] 孫躍傑, 徐蘇斌, 張軼輪, 魏欣·洛陽50年代工業遺産適宜性再利用改造設計探索[J], 工業建築, 2016, 46(01), pp.62-65, p.79.

〈사진 24-14〉 무한궤도식 트랙터가 조립되던 곳
사진: 장바이춘張柏春

〈사진 24-15〉
조립 마무리 단계의
무한궤도식 트랙터
자료출처:『一拖廠誌』

〈사진 24-16〉 소련이 1958년에 제작한 드릴링 및 보링 선반
사진: 왕민王民

〈사진 24-17〉 소련이 1959년에 제작한 프레이즈반
사진: 왕민王民

〈사진 24-18a〉 제일트랙터의 사원주택구역
사진출처: CCTV 국제방송 프로그램 〈記住鄕愁〉

〈사진 24-18b〉 제일트랙터의 사원주택구역
사진출처: CCTV 국제방송 프로그램 〈記住鄕愁〉

<사진 24-19> 동방홍 농경박물관 외관
사진: 왕용핑王永平

<사진 24-20> 동방홍 농경박물관에 전시된 제품들
사진: 류위에자이劉月在

<사진 24-21> 기어공장에서 꾸준히 사용해온 1958년 소련제 코니컬 절삭기
사진: 장바이춘張柏春

## 3. 기술사적 가치

제일트랙터제조창은 중국 최초의 트랙터를 생산한 이후 중국 최대의 트랙터 제조기업으로 성장했다. 60여 년 간 중국 영농 기계화의 과정을 목도해왔으며, 기술사 및 산업사에서 독특한 위치를 차지하고 있다. 소련의 지원을 받아 설립된 제일트랙터는 광산기계공장, 베어링공장 등 대기업들과 함께 낙양의 핵심 산업단지와 주거단지를 이루고 있다(사진 24-18). 1950년대에 건설된 이곳의 소련식 건축물들은 낙양의 독특한 경관을 이루며 산업 건축사의 중요한 이정표로 자리잡았다.

제일트랙터공장의 역사문화적 가치가 중앙정부와 지방정부로부터 인정을 받아 2000년에 낙양시 관광명소에 포함되었고, 2004년에는 제1차 '국가 산업관광 시범지역'에 포함되었다. 제일트랙터 정문 앞 광장, 공장 정문, 사무건물이 2011년 제7차 국가중점문물보호단위로 지정되었다. 2018년에 사무동, 공장 앞 광장, 공장 정문, 엔진공장, 스탬핑 작업장, 공구공장, 조립장 등이 산업정보기술부의 국가산업유산목록(2차)에 등재되었다.

제일트랙터는 창업과 성취를 기반으로 2010년에 동방홍농업박물관 건립을 추진했다(사진 24-19). 이 박물관에는 국내 1세대 무한궤도식 트랙터, 중국 1세대 홍수 및 가뭄 양용 트랙터, 중국 1세대 소형 바퀴 트랙터, 중국 1세대 고출력 바퀴 트랙터 등 역사적 의미를 지닌 많은 농기계들이 한자리에 전시되어 있어서(사진 24-20), 농기계의 발전과정을 이해할 수 있다.

실제로 제일트랙터가 남긴 1950년대의 기계와 장비 그리고 관련 기술과 건축물들은 1950년대와 1960년대, 더 나아가 1970년대 중국의 산업화와 기술의 발전수준을 대변한다. 공작기계와 기타 기계장비는 20세기 중반 소련의 장비 제조기술과 중국의 보조기계 생산능력을 보여준다. 오늘날까지 사용되고 있는 공작기계들은 당시의 높은 품질을 입증한다(사진 24-21). 이렇게 중요한 산업유산들이 국가중점문화재보호단위와 국가산업유산목록에 명확히 포함되지 못한 것은 매우 유감스러운 일이다.

이 지면을 빌어 정부와 기업이 1950년대에 제일트랙터가 설치했던 기계장비를 합리적으로 사용하고 보존하기 위한 적절하고 효과적인 조치를 취해줄 것을 건의한다. 예를 들어, 1950년대에 지어진 대규모 작업장을 기계장비 등 문화유물을 수집하고 전시하는 박물관으로 활용하는 방안을 고려해 볼 만하다.

# 25

## 무한武漢 장강長江 대교

## 1. 개요

무한 장강대교는 소련이 중국에 지원한 '156프로젝트' 중 하나였다 (사진 25-1). 1949년 9월 중국인민정치협상회의 제1차 전체회의에서 장강대교 건설 안건이 통과되었다. 1950년 1월에 철도부는 철도교량위원회를 발족하고 같은 해 3월 무한 장강대교 측량 및 시추팀과 설계팀을 구성했다. 모이승茅以升을 팀장으로 하는 전문가 그룹이 교량 부지 예비탐사 작업에 착수했다[1]. 1953년 3월, 1차 교량 설계작업이 완료되었다. 같은 해 7월, 교량국 국장 팽민彭敏을 단장으로 한 대표단이 소련 운수공정부에 감정을 요청하기 위해 설계도면과 자료를 가지고 모스크바로 갔다. 소련 정부가 임명한 25명의 교량 전문가들로 구성된 평가위원회가 최종적으로 중국의 설계안을 승인했다[2]. 1954년 7월, 콘스탄티 세르게이비치 시린이 이끄는 소련의 교량 전문가 그룹이 속속 무한에 도착했다. 소련의 전문가들이 들어오면서 기술부문 교량설계가 눈에 띄게 진전되며 거더구조가 기본적으로 완성되었다. 시추자료에 대한 충분한 논의를 거친 후, 소련의 전문가 그룹은 5호 교량의 부지 선정에 관한 의견을 내고 교량부지 선정을 확정했다. 그외에 진입교의 구조, 고가교의 설계도가 속속 완성되었다. 1955년 9월 1일에 착공한 무한 장강대교가 1957년 10월 15일에 정식으로 개통됨으로써, '드높은

---
•
1  武漢地方誌編纂委員會 主編, 武漢市志：交通郵電志[M], 武漢, 武漢大學出版社, 1996, p.252.
2  滕久昕, 蘇聯專家與武漢長江大橋的修建[J], 百年潮, 2011(6), p.57.

<사진 25-1> 무한 장강대교 전경

대교가 남북을 가로지르며 천혜의 험난한 지형에 '큰 길'을 내는 꿈이 마침내 이루어졌다[3].

무한 장강대교는 주교량, 진입교, 한수漢水 철도교, 한수 도로교, 무한의 3개 도심지역과 연결되는 10개의 고가교, 철도 연결선, 도로 연

---

3 滕久昕, 父親滕代遠參與領導武漢長江大橋修建始末[J], 世紀行, 2010(9).

결선 그리고 한양 기차역을 포함한 지극히 복잡한 체계의 공사였다 (사진 25-2). 대교의 본 공사는 총연장 1,670.4m, 정교, 진입교 그리고 교대로 이뤄졌다. 정교의 길이는 1,155.5m, 교각 8개, 주공 9개, 경간 128m, 8개의 세그먼트로 된 구조였다. 한양漢陽 방면 진입교는 길이 303.45m, 주공이 17개인데, 이 중 5개의 주공은 철도와 도로가 공유하고, 나머지 12개는 도로가 전용했다. 무창武昌 방면 진입교는 길이

211.45m, 주공이 12개인데, 그 중 3개는 철도와 도로가 공유하고 나머지는 도로가 전용했다[4]. 전체 교량 공사에 들어간 콘크리트와 철근콘크리트 타설량이 126,300m³, 석조량 25,440m³, 스틸 거더가 24,805톤이었다[5].

지난 60년 동안 무한 장강대교는 약 80차례의 충돌을 겪었지만 여전히 양호한 안정성을 유지하고 있다(사진 25-3). 여러 차례의 안정성 검증을 통해 '교량 전체의 변위나 침하, 구부러지는 변형이 없으며, 리벳 기밀성에 문제가 없다. 교각은 60,000톤의 하중을 견딜 수 있고, 홍수 발생 시 초당 100,000m³의 유량과 5m의 유속을 견딜 수 있으며, 진도 8 이하의 지진과 충격에도 견딜 수 있다'는 진단평가를 받았다. 교량은 2002년 8월에 첫 번째 정밀진단을 거쳤으며, 2012년 10월에 두 번째 점검을 마쳤다.

## 2. 기술적 특징

무한 장강대교는 중국의 교량건설 역사상 유례가 없는 대규모 공사로, 건설 과정에서 시공기술, 자재공급 그리고 장비 등 많은 어려움을 극복해야 했다. 교량의 설계와 시공은 다음과 같은 기술적 특징을 가지고 있다.

---

[4] 武漢大橋工程局 編, 武漢長江大橋[M], 武漢, 長江文藝出版社, 1957(10), p.6.
[5] 彭敏, 武漢長江大橋[M], 北京, 人民鐵道出版社, 1958(10), p.45-46.

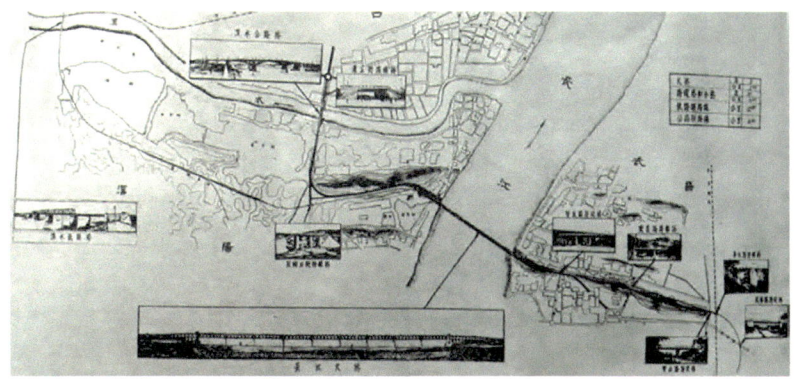

<사진 25-2> 무한 장강대교 전체 평면도
자료출처: 모이승『무한장강대교』

<사진 25-3> 무한 장강대교의 교각

무한 장강대교의 심층부 기초공사는 용기잠함공법(케이슨공법) 대신 중공中호 철근콘크리트관 공법을 사용했다. 무한 유역을 흘러가는 장강 구간은 수심이 깊은데다가 물살이 빠르고 지질학적 조건이 복잡하다. 한양 쪽은 평탄한 반면, 무창 쪽은 경사가 급하고 강둑의 고저차가 20~22m이다. 강바닥의 석층은 가장 깊은 곳이 45m이고, 토사층은 가장 두꺼운 곳이 27m에 이른다. 토사층이 불안정한 고운 모래로 되어 있어서 하상 중앙부의 심도 변화가 10m나 된다. 최초의 설계안에 따르면, 무한 장강대교의 본교 교각은 케이슨 몸체를 암반 2m 깊이로 내려서 시공 수위 아래 37-40m까지 침하시키는 잠함공법으로 시공하려고 계획했다. 이 경우 케이슨 몸체에 콘크리트 21,700m³를 타설해야 했다[6]. 1950년대 초에 가장 널리 사용되었던 케이슨공법은 최고의 기술 성숙도가 요구되는 심층부 기초 시공법이다. 그러나 지질조사 결과, 무한 구간에서 케이슨공법을 사용할 경우 기초공사에 많은 난제가 발생하고 비용이 많이 소요될 것으로 나타났다. 이에 소련측 전문가 그룹 책임자였던 시린이 케이슨공법이 아닌 중공中호 철근콘크리트관을 이용하는 방안을 제안했다. 이 방식은 중공中호 철근콘크리트관을 강바닥 암반층까지 침하시켜 굴착한 암반 위에 프레임을 잡고, 관의 내부에 들어간 흙을 깨끗이 제거한 후 철근콘크리트를 타설하여 하상의 암반에 단단히 고정시킨 다음, 최종적으로 그 위에 교각을 설치하는 방법이었다. 이 기술을 통해 물 밖에서 기계적 조작을 통해 수중

---

6  武漢大橋工程局 編, 武漢長江大橋: 工程建設[M], 北京, 人民鐵道出版社, 1957, p.15.

작업을 진행할 수 있었기 때문에 작업의 효율성을 크게 향상시키고 공사비용도 절감할 수 있었다.

무한 장강대교 건설 과정에서 수상 크레인 기술도 향상되었다. 캡과 피어바디, 탑캡의 원활한 타설을 위해서는 구조물 주변에 강력한 방수 코퍼댐을 시공해야 했다. 교량설계국은 처음에는 하부에 철근콘크리트 조립식 코퍼댐을 사용하고 상부에 강판 말뚝이나 조립식 강목 하이브리드 방수패널을 연결하는 방식을 채택했다. 교각 받침, 교각 그리고 교각 상부의 원활한 타설을 위해서 시공을 할 때 주변에 견고한 방수벽을 세워야 했다. 교량건설국은 처음에 하부에 철근콘크리트 조립식 방수벽을 설치하고, 상부에는 철판으로 만든 말뚝 또는 조립식 강철·목재 혼합형 방수벽을 세우는 방법을 선택했다. 하지만 이 방안을 채택할 경우 건기에 건설하더라도 강판 말뚝의 길이가 최소 30m 이상이어야 했다. 30m를 초과하는 강판 말뚝을 박기 위해서는 해상 크레인의 후크 높이가 최소 수면 위 48m 이상이어야 하는데, 이는 당시 교량건설국으로서는 할 수 없는 방법이었다. 교량건설국이 선택한 방법은 기존 장비를 개조하는 것이었다. 뱃머리가 네모난 400톤급의 전마선 2대를 케이블로 연결하여 쌍동선을 만들고, 케이블을 사용해 전마선 갑판에서 약 18m 떨어진 곳에 프레임을 설치한 후 소련제 K-35 크레인을 이 프레임 위에 고정했다. 또한, 크레인이 회전할 때 흔들리는 것을 방지하기 위해 밸러스트 스톤으로 전마선의 격벽을 채웠다. 이 공법으로 교각 본체의 머리부분 타설 문제를 해결했을 뿐만 아니라 교각 상부에 철골 지지대를 세우는 데에도 큰 역할을 했다[7].

무한 장강대교는 강철 빔을 세울 때 BCM공법을 채택했다. 무한 장강대교는 철도교와 도로교 복층 교량으로, 강철 빔 3개가 동일 경간을 이루며 높이는 16m이다. 3개의 강철 빔이 모두 '마름모꼴 트러스 구조'를 이루고 있으며, 트러스를 구성하는 빔의 단면은 모두 H자형이다. 이러한 구조는 하중을 견디는 능력을 향상시킬 수 있고 제작 및 설치가 상대적으로 간단하며 유지 보수도 용이하다.

강철 빔을 설치할 때, 빔을 들어올리거나 배로 운송하는 일반적인 방법이 아닌 당시로서는 비교적 새로운 BCM공법을 사용했다. 즉 먼저 밸런싱 빔을 조립하여 고정시키고, 교각을 지지점으로 삼아 점차 강의 중심을 향해 뻗어나가는 방식이었다. 강의 양쪽에서 동시에 공사가 진행되어 최종적으로 만나 이어졌다. 이러한 공법은 인적 물적 자원을 크게 절감하고 공기를 단축할 수 있으나 조립 및 구조물 리벳 기술의 정확도와 철골구조의 안정성에 대한 요구가 매우 까다롭다. 캔틸레버의 길이가 128m인데, 캔틸레버가 96m이상 돌출되면 고정부 끝단의 내부응력과 캔틸레버의 하부 휘어짐 현상이 증가하여 고정부의 연결점이 지탱하기 어려웠다. 건설국은 두 가지 방법을 통해 이 문제를 해결했다. 첫째는 전방 교각을 이용하여 교각 가까이에 교각 방향과 동일한 16m 길이의 삼각형 브라켓을 세워 지지점으로 삼는 것이었다. 브라켓은 까치발, 수평연결재 그리고 횡형 앵커 빔으로 이뤄져 있어서

---

[7] 劉曾達, 我參加了武漢長江大橋的建設[M], 武漢文史資料(武漢市政協文史學習委員會), 2005(6).

철거해서 재사용할 수 있었다[8]. 두 번째는 최대한 강철 사용량을 줄이면서도 트러스의 단면을 강화하는 것이었다.

## 3. 기술사적 가치

무한 장강대교는 장강을 가로지르는 최초의 도로-철도 겸용 교량이다(사진 25-4). 경한철도(북경-한구 간 철도), 월한철도(중국을 남북으로 횡단하는 철도)와 연결됨으로써 진정한 의미의 경광철도(북경-광주 간 철도) 노선을 구축하고, 남부와 북부의 경제 발전을 촉진한 중요한 기술사 및 경제사적 가치를 가지고 있다.

무한 장강대교는 1950년대에 소련이 중국에 기술지원을 했다는 증거이다. 시린이 이끄는 25명의 소련 전문가들이 기술적 지원을 했다. 시린은 기존의 케이슨 방식이 아닌 중

〈사진 25-4〉 무한 장강대교 교대와 전망대
사진: 바이루白鷺

---

8  劉曾達, 我參加了武漢長江大橋的建設[M], 武漢文史資料(武漢市政協文史學習委員會), 2005(6).

공中호 철근콘크리트관을 이용하는 방식을 채택함으로써 교량기초 공사의 기술적 난제를 해결했다. 조립식 철근콘크리트관을 이용한 기초공사와 기타 공법들은 당시로서는 혁신적인 성과였다. 소련의 전문가들은 처음부터 "모든 것을 함께 연구하고 함께 논의하여 가장 합리적인 방법을 찾아야 한다"고 말하며 기술논의에 있어 협력적인 분위기를 조성했다. 이 시기에 교량을 건설하는 과정에서 이루어진 기술도입과 학습, 개선과 혁신은 중국의 교량 설계와 기술력 향상을 가져왔다.

　2013년 5월 3일, 국무원은 〈제7차 국가중점문물보호단위 결정 및 공표에 관한 통지〉를 발표하고, 무한 장강대교를 '근현대 중요 역사유적이자 대표적 건축물'로 지정했다. 또한 장강대교는 무한에서 가장 젊은 '국가급 문화재'로 등극했다.

# 26

## 신안강新安江 수력발전소

## 1. 개요

신안강수력발전소는 신안시에서 서쪽으로 4km 떨어진 동관銅官 협곡에 위치해 있다. 과거에 국민정부 자원위원회가 수차례 수력조사팀을 구성하여 신안강 유역에 대한 종합적인 사회조사, 지형 및 지질 조사, 수문水文 자료 수집을 실시하고, 신안강에 8만kW 규모 수력발전소를 건설할 것을 제안했다.

정부는 1952년부터 전문가팀을 통해 신안강의 수자원에 대한 조사와 검증을 진행했다. 1954년, 국가건설위원회가 신안강수력발전소 건설을 결정했다. 1955년 10월, 전력산업부는 신안강 수력발전소 부지선정위원회를 발족하고 동관협곡을 댐 부지로 선정했다. 상해수력조사 및 설계 연구소는 소련의 전문가들로부터 지원을 받아 댐의 유형을 콘크리트 중력댐, 오버플로 수문, 댐 최고 높이 105m를 골자로 한 예비설계안을 완성했다. 1956년 6월, 국무원은 신안강수력발전소 건설을 정식승인하고, 이를 제1차 5개년 계획에 포함시켰다[1]. 1957년 말, 중국의 설계자들은 수력 발전소의 댐 설계를 슬롯식 중력댐으로 변경했다.

1960년에 소련의 전문가팀이 철수했다. 그 후, 중국의 기술인력들이 자체 제작한 장비와 수입한 장비를 결합한 기계화 시공을 통해 제방 우측에 시설물 설치를 위한 굴착과 송수관 설치를 완료하고 공기를 앞당겼다. 수력발전소의 72,500kW급 수력 터빈발전기는 소련의 지

---

[1] 國務院同意新安江水電站提前開始建設, 國務院計周67號, 1956年6月廿, 新安江水力發電廠檔案.

원을 받아 건설된 하얼빈전기기계공장에서 제작되었고, 시멘트는 주로 남경의 강남시멘트공장에서 생산한 것이었다. 1960년에 발전소가 완공되어 전기를 생산하기 시작했으며, 1965년 9월에 국가전력시스템의 전기제동장치를 최초로 사용했다. 1977년 10월에 총 9기의 수력 터빈 발전기를 가동했는데, 총 설비용량이 662,500kW였다[2]. 발전소는 주로 전기를 생산하지만 관개, 홍수 조절, 운송, 관광 그리고 양식업 등 다양한 기능을 발휘하면서 지역경제와 산업의 발전 양상을 바꿔놓았다.

## 2. 현황

신안강 수력발전소는 현재 화동전력망유한공사에 속해 있으며 시설이 잘 보존되어 있다. 발전소 정문 한켠에 주은래周恩來 총리가 1959년에 신안강수력발전소의 건설상황을 시찰할 때 쓴 글귀가 있다: '우리나라 최초로 자체 설계하고 설비를 제작한 대규모 수력발전소의 성공적인 건설을 응원합니다.' 이 수력발전소는 주로 하천 댐, 발전플랜트, 승압 개폐소 및 관련 부대시설로 구성되어 있다.

이 중 사방댐은 콘크리트 슬롯식 중력댐이다.

신안강수력발전소는 중국에서 가장 먼저 건설된 슬롯식 중력댐으로(사진 26-1), 천년 만에 한번 발생하는 홍수에도 버티도록 설계되었다.

---

[2] 浙江省淳安縣『新安江大移民』史料徵編委員會, 新安江大移民―新安江水庫淳安移民紀實[M], 杭州, 浙江人民出版社, 2005, p.21.

<사진 26-1> 신안강 수력발전소의 제방
사진: 장즈훼이張志會

댐의 제방은 콘크리트와 철근으로 되어있으며, 댐마루의 길이와 폭은 각각 466.5m, 97m이고, 제방의 기초, 높이 그리고 표고는 각각 315m, 105m, 115m이다. 댐에는 9개의 방류구가 있으며, 방류구 아래쪽을 성벽의 총안銃眼처럼 설계한 것은 물을 방류하는 과정에서 유출속도를 완충하기 위해서이다. 후에 반가구潘家口 수력발전소, 단강구丹江口 수력발전소, 고전古田 수력발전소 그리고 황룡탄黃龍灘 수력발전소도 슬롯식 중력댐 유형을 채택했다.

발전소의 댐 뒤쪽 상층부에 오버플로 수문이 설치되어 있는데(사진 26-2), 이렇게 하면 여수로 전면의 길이를 늘리고 본류를 강바닥 중앙에 집중시켜 하류 수로 양쪽 연안 경사면의 안정성에 대한 위협을 줄일 수 있다[3]. 월류에 대비하여 댐 후면에 배치되어 있는 오버플로 수문(사진 26-3[4])은 총 길이 216m, 폭 17m, 높이가 42.75m이다. 이외에 댐 바로 앞에는 '대약진' 시기의 조각이 새겨져 있어 당시의 시대적 특징을 보여준다(사진 26-4).

신안강수력발전소의 발전실 내에는 국내에서 제작한 총 9기의 수력 터빈발전기가 설치되어 있다(사진 26-5). 원래 총 설비용량이 66만2,500kW였다가 1999년부터 2003년까지 설비용량 확장과 설비 개조를 통해 현재 총 설비용량 81만kW, 단시간 최대출력이 85만5,000kW에 달한다. 4호 발전설비는 최초의 국산 수력발전 설비로서 1960년 4월 22일부터 지금까지 전력을 생산하고 있다.

신안강수력발전소에는 중앙제어실, 승압개폐소, 수문과 수문권양기 등 부대시설들이 있다. 중앙 제어실(사진 26-6)의 화면에는 댐의 수위, 발전기 작동상태, 현재 주파수 등

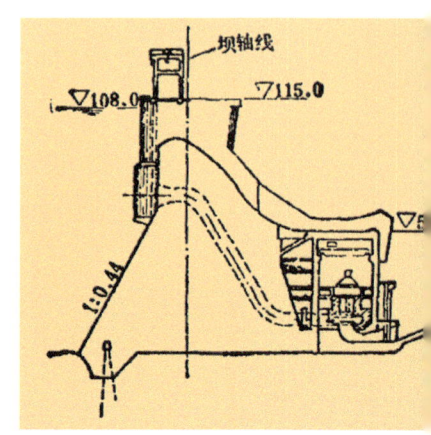

〈그림 26-2〉 제방 뒤쪽의 오버플로 수문 단면도

〈그림 26-3〉 제방 뒤쪽의 오버플로 수문의 실제 모
사진: 장즈훼이張志會

〈그림 26-4〉 신안강 수력발전소 제방에 새겨진
'대약진' 시기의 조각
사진: 장즈훼이張志會

---

3  蔣華, 方葦, 新安江水電站建設史略[J], 春秋, 2009(01), pp.12-13.
4  蔣富生, 新安江水電站的壩型選擇及壩體斷面設計[J], 水力發電, 1957(24), pp.27-34.

<사진 26-5> 신안강 수력발전소의 터빈설비
사진: 장즈훼이張志會

의 매개변수가 표시된다. 승압 개폐소는 1960년 9월에 가동되었는데, 발전소에서 생산된 전력을 220kV까지 승압하여 고압선을 통해 외부로 송전할 수 있다[5]. 댐의 상층부에 설치되어 있는 두 대의 수문권양기(사진 26-7)가 홍수 방류 시에 오버플로 수문을 들어올린다. 댐을 건설할 때 자재 수송을 용이하게 하기 위해서 55.54km 길이의 난계-동관 협 간 철도와 교량을 건설했다(사진 26-8). 현재는 이 철도가 이미 폐쇄되어 더 이상 사용되지 않는다.

---

5  蔣華, 方韋, 新安江水電站建設史略[J], 春秋, 2009(01), pp.12-13.

〈사진 26-6〉
발전소의 중앙제어실(왼쪽)

〈사진 26-7〉
수문권양기(가운데 왼쪽)

〈사진 26-8〉
발전소 배후의 교량(가운데 오른쪽)

〈사진 26-9〉
천도호(아래)

사진: 장즈훼이張志會

신안강수력발전소에는 콘크리트 슬롯식 중력댐, 발전실 및 관련 부대시설 외에도 신안강 수력발전소의 저수로 인해 형성된 천도호千島湖가 있다. 천도호는 면적이 567km²(사진 26-9)로 화동華東 지역에서 가장 큰 호수이자 최대의 인공호수이다. 지역의 기후 조절과 관개 등에서 다양한 역할을 하고 있다.

## 3. 기술사적 가치

신안강 수력발전소는 〈제1차 5개년 계획〉 시기에 최초로 건설된 대규모 수력발전소이다. 중국 수력발전 역사의 기념비적인 발전소로, 슬롯식 중력댐, 댐 후면에 설치된 오버플로 수문, 수력 발전설비 등 기술적 혁신들이 중국의 기술사에서 중요한 의미를 지닌다. 이 수력발전소의 건설을 통해 다른 대규모 수력발전소 건설을 위한 귀중한 경험을 축적했으며, 수문水文, 지형, 수력, 수력 공학 및 전기기계 방면에서 독자적 작업능력을 갖춘 수백 명의 수력발전 기술인력이 배출되었다[6].

신안강수력발전소는 살아있는 산업유산이다. 2005년 1월, 발전용량 증설 및 설비개조사업을 완료하면서 총 설비용량이 66만2,500kW에서 85만kW로 증가하고 연평균 발전량이 18.6억kW·h에 달하며, 국내 수력발전소 가운데 16위를 차지했다. 전력사업의 발전과 더불어 전력

---

6 佚名, 新安江水電站在勘測和初步設計工作中培養出數百名水電技術人員[J], 人民日報, 1956-10-11.

피크 조절, 주파수 조정 및 비상 시 대비기능을 지속적으로 수행하고 있으며, 하류 부춘강富春江 발전소에 대해 단계별로 보완역할을 수행하고 있다.

# 27

## 경덕진景德鎭 도자기공장

## 1. 개요

강서성 경덕진의 도자기산업은 당나라 때에 시작되어 송·원대에 번성했다. 명청시대에 '어요창御窯廠'이 설치되면서 경덕진은 독보적인 '세계 도자기의 수도'로 자리매김했지만, 청나라 말기와 민국시기에 와서 정치적 혼란과 잦은 전쟁으로 인해 쇠퇴의 길을 걸었다. 중화인민공화국이 건국된 후, 도자기산업이 사회주의적 변혁과 현대화를 맞이했다. 원래의 소규모 작업장을 기반으로 새로이 10여 개의 도자기 생산기업이 설립되었는데, 그중에서 건국建國, 인민人民, 신화神華, 우주宇宙, 동풍東風, 예술藝術, 광명光明, 홍성紅星, 홍기紅旗, 위민爲民 등 10여 개의 대규모 도자기 공장들이 비교적 잘 알려져 있다. 사람들은 이를 '10대 도자기 공장'이라고 부르곤 했다.

우주도자기공장은 1958년 건국도자기공장 제1분공장, 제13도자공예합작사 그리고 제4도자기공장의 통합으로 탄생했다(사진 27-1)[1]. 이곳은 경덕진시 동부 외곽 신창서로에 위치해 있으며 남하南河에서 100m도 채 안되는 거리이다. 화물역과도 약 300m 밖에 떨어져 있지 않아서 석탄, 원자재 및 완제품을 운송하기에 용이하다. 국내 유일의 도자기 전문 고등교육기관인 경덕진도자학원(현 경덕진도자대학)이 이곳에서 약 1,000m 거리에 있고, 경공업부 도자기연구소와 강서성도자연구소가 약 400m 거리에 있다. 우주도자기공장은 경덕진에서 최초로 기계

---

1  陳建輝, 盧建明, 前進中的景德鎭宇宙瓷廠[J], 景德鎭陶瓷, 1990(1), pp.62-65.

화 생산을 시작한 도자기 기업으로, 경덕진 도자기 산업사에서 이정표적인 의미를 가지고 있다.

당시 우주도자기공장이 앞장서서 6기의 사각 석탄가마를 만들었는데, 이로써 경덕진이 2천년 동안 장작가마로 도자기를 굽던 역사와 작별을 고했다. 석탄가마에서 구운 도자기의 품질이 장작가마 수준에 도달했고, 산림자원 절약과 생태환경 보호의 의미가 컸다. 1959년, 우주도자기공장은 수천 년 동안 해오던 항아리를 이용한 불순물 제거법 대신에 2개의 대형 수파지水波池를 만들어서 전문화된 불순물 제거법을 사용했다. 이렇게 도자기 흙 만들기와 성형을 분리함으로써 전통 도자기 생산의 전문화라는 새로운 길을 열었다. 이 앞선 기술은 손으로 흙을 씻는 것보다 작업효율이 3배 높았기 때문에, 강서성 전체로 빠르게 보급되어 당시에 주요한 도자기 흙 제작법이 되었다. 같은 해, 우주도자기공장은 시 전역에 9개의 새로운 도자기 성형 라인을 구축했는데, 당시에 '구룡상천九龍上天'이라 불렸던 압출성형과 작업라인의 출현으로 생산성과 품질이 크게 향상되었다.

1963년, 또 한번의 제작기술 혁신을 단행한 우주도자기공장은 수파지水波池 대신에 교반기를 사용하는 방법으로 유약의 품질을 크게 향상시켰다. 1965년부터 과거의 단품 도자기 수출 방식을 바꾸어 커피잔 세트, 차기 세트 등 세트화된 제품을 생산하기 시작했다. 1964년에 우주도자공장의 도자기 생산량이 공장 설립 이후 최고치에 이르렀고, 일등급 제품이 87.2% 이상, 생산량은 1,328만 2,600 점에 이르렀다. 품질 면에서 하북성 당산唐山에 있는 유풍裕豊 도자기공장에 이어 2위였다. 1960년대 중반, 우주도자기공장이 성공적으로 개발한 '사화문四火門 터

<사진 27-1> 우주도자기공장의 옛 모습
자료출처: 강서성문화청 홈페이지

널가마' 고화烤花기법(도자기 유면에 장식을 한 후 가마에 넣고 열을 가해 문양을 도자기 유면에 부착시키는 방법)이 중요 혁신 프로젝트로 꼽혔다. 1970년대에 체인식 건조실을 성형 작업장에 도입하기 시작했으며, 공장 최초로 석탄 연료 터널가마를 건설했다. 성형 블랭크 공정도 이중 칼날 블랭크에서 전동식 롤러 블랭크로 바꾸었다. 1975년에 중유를 연료로 사용하는 공장 최초의 석유 연소 터널가마가 건설되었다. 1970년대 후반에 미국 미카사Mikasa로부터 서양식 찬기 1,000세트 공급주문을 받으면서, 중국의 일상용 도자기가 처음으로 미국 시장에 진출했다[2].

1980년대 초에 TCC-204(130)롤 포밍 기계와 강서성 최초의

---

2  陳建輝, 盧建明, 前進中的景德鎭宇宙瓷廠[J], 景德鎭陶瓷, 1990(1), pp.62-65.

C8G32형 롤러 허스식 터널로를 생산에 투입했으며, 당시 우주도자기 공장의 터널로는 국제적으로 앞선 수준이었다. 1980년대 중반, 강서성 최초로 매몰주조 롤 성형 라인이 정식 가동되었다. 1980년대 중후반, 롤 포밍 성형 라인을 갖춘 '체인형 건조실'과 컴퓨터로 제어되는 32m 롤러 터널로가 생산에 투입되었다. 이 둘 모두 중국 국내 도자기산업의 발전을 선도했다.

우주도자기공장이 1985년 10월에 생산하기 시작한 '홍루의 12여인 시리즈' 채반은 도예가 조혜민趙惠民이 디자인했다. 채반의 무늬지는 실크 스크린 무늬지 기술을 이용하여 일본과 프랑스에서 인쇄되었으며, 컴퓨터 자동제어 방식으로 구워냈다. 중국 도자기의 전통적인 특색을 계승한 채반이 미국 시장에 진출하면서 '중국 경덕진 왕실 도자기 공장'이라는 명성을 안겨주었다[3]. 1990년, 우주도자기공장에서 생산한 '국휘자國徽瓷'가 1세대 중국의 제외공관 전용 도자세트로 선정되어 당시 국내외적으로 중요한 반향을 불러일으켰다.

## 2. 현황

2002년 우주도자기공장이 생산을 중단한 후, 공장은 오래 방치된 채로 황폐해졌다. 2012년- 2016년, 경덕진 시당위원회와 시정부가 '새

---

3 李章明, 從"宇宙"鉅變看技改的路子[J], 工業技術與職業教育, 1990(2), pp.60-61.

〈사진 27-2〉
톱니형 '바우하우스 양식' 공장 건물
경덕진 도계천 문화의 거리 제공

〈사진 27-3〉
'人'자형 공장 건물
경덕진 도계천 문화의 거리 제공

〈사진 27-4〉
공장배관과 급수탑
경덕진 도계천 문화의 거리 제공

<사진 27-5> 볼밀(위)
<사진 27-6> 진흙 치대기(가운데)
<사진 27-7> 토련기(아래)
경덕진 도계천 문화의 거리 제공

로운 탄생, 새로운 기능, 문화와 환경'의 원칙에 따라 우주도자기공장을 새롭게 단장하여 '도계천陶溪川' 도자기문화공원을 조성하고, 다양한 시대의 건축물과 각종 기계장비, 공구, 다양한 기록물 등 산업유산들을 전시했다.

우주도자기공장은 다양한 산업 건축물을 남겼다. 우주도자기공장(도계천 도자기문화공원)을 새로 조성하는 과정에서 1950년대와 1960년대 중국의 전통적인 공장건물과 1960년대와 1970년대의 톱니형 '바우하우스 양식' 공장건물을 그대로 보존했다(사진 27-2). 1980년대와 1990년대의 현대식 공장건물 등 시대적 특색을 지닌 전형적인 건물

〈사진 27-8〉
**석탄연료 원형 하향통풍가마**
경덕진 도계천 문화의 거리 제공

〈사진 27-9〉
**석탄연료 터널가마**
경덕진 도계천 문화의 거리 제공

〈사진 27-10〉
**기름연료 터널가마**
경덕진 도계천 문화의 거리 제공

들(사진 27-3)은 공간 활용을 통해 미술관, 도자기산업유산박물관, 도예가 작업실 등으로 리모델링되었다. 또한 우뚝 솟은 굴뚝, 급수탑, 보일러실, 가스발생실, 각종 공장배관(사진 27-4) 그리고 벽에 걸려있는 오래 전 슬로건들이 산업화 시대의 흔적을 간직하고 있다. 그중 도자기산업유산박물관은 중국 최초의 도자기 관련 산업유산박물관으로서, 1904-2010년까지 경덕진 도자기공장에서 사용된 도구, 장비, 공정과정, 제품, 기록물 등이 전시되어 있어 경덕진의 도자기산업이 지난 100년 간 걸어온 '수작업장-민간경영-민관공동경영-국영화-시스템 전환'의 발전 여정을 보여준다.

 도자기 생산설비는 중요한 기술사적 가치와 의미를 지닌 중요한 산업유산이다. 우주도자기공장에는 1950년대부터 경덕진에서 사용된 원료가공설비(볼밀, 진흙 치대기, 토련기 등, 사진 27-5, 27-6, 27-7), 성형장비(브리켓 머신, 페틀링 작업장)이 그대로 보존되어 있다. 특히 1950년대의 석탄연료 원형 하향통풍가마(사진 27-8), 1970년대의 석탄연료 터널가마(사진 27-9) 그리고 개량한 기름연료 터널가마(사진 27-10), 코크스가스 연료가마(사진 27-11) 그리고 셔틀요(사진 27-12) 등 시대별로 다양한 가마들이 있다. 1950년대 이후 가마의 유형과 도자기 소성기술의 발전 그리고 1950년대 이후 경덕진 도자기산업의 기술발전을 여실히 보여준다. 그 밖에도 조각칼, 유약에 담근 후 도자기 건조대, 탕유잔湯釉盞 등 다양한 시대의 도자기 제작 도구가 1,000여 점 이상 전시되어 있다.

 우주도자기공장에 보존되어 있는 대표적인 도자기 제품과 생산표준도 매우 큰 가치를 지닌다. 국휘자國徽瓷(사진 27-13), 홍루의 12여인 등 시대별로 생산된 대표적인 도자기 제품 13만 여 점이 보존되어 있

<사진 27-11> 코크스가스 연료 가마
경덕진 도계천 문화의 거리 제공

<사진 27-12> 셔틀요
경덕진 도계천 문화의 거리 제공

<사진 27-13> 국휘자
경덕진 도계천 문화의 거리 제공

<사진 27-14> 대접시류 표준기물
경덕진 도계천 문화의 거리 제공

으며, 이 밖에도 표준기형 235점(사진 27-14)이 보존되어 있다. 제품 측면에서, 이들은 당시 경덕진 지역의 도자기 생산 상황과 중국 도자기 생산의 표준화 상황을 보여준다.

우주도자기공장은 공장건물, 설비와 제품 외에도 10만권이 넘는 각종 기록물과 400명에 가까운 노老직공들의 구술자료와 영상자료, 60만 자에 이르는 문서자료 등을 비교적 완벽하게 보존하고 있다. 이들은 모두 경덕진의 도자기 생산과 기술발전을 연구하고 발굴하는데 귀중한 사료가 될 것이다.

## 3. 기술사적 가치

가장 큰 규모, 가장 많은 기술인력, 가장 정교한 장비를 자랑하며 '10대 도자기 공장' 중 하나로 꼽히던 우주도자기공장은 경덕진의 도자기산업이 현대화된 대량 생산으로 변천해온 과정을 지켜본 귀중한 산업유산이다. 시대별 가마, 진흙 다지기, 토련기, 브리켓 머신 그리고 장비들이 생산기술의 발전, 그리고 중국의 현대 도자기산업의 발전을 실체적으로 간직하고 있다.

우주도자기공장의 전체 구도는 생산관리, 제품디자인, 제품생산, 부대생활시설 등 영역으로 나뉜다. 제품생산 영역은 원료가공과 보관, 성형, 소성, 채색, 포장 등의 순으로 배치되어 있으며, 도자기 생산의 전 과정을 보여준다. 공장의 건축물들은 명료하면서도 소박한 구조, 지역적 특성을 지닌 자재로 이뤄져 있어 특정 지역과 시대적 산업건축물의 특징을 드러낸다[4]. 도자기공장에 보존되어 있는 다양한 기록물과 풍부한 자료들은 중국의 도자기산업과 기술발전을 이해할 수 있는 귀중한 문헌이며, 추가적인 정리와 연구가 절실히 요구된다.

우주도자기공장은 2018년 1월에 산업정보화부의 국가산업유산목

---

[4] 張傑, 賀鼎, 劉巖, 景德鎮陶瓷工業遺產的保護與城市復興[J], 世界建築, 2014(8), pp. 100-103.

록에 선정되었다. 우주도자기공장을 기반으로 건립된 '도계천' 도자기 문화공원과 박물관은 기술적 의미를 지닌 산업유산을 비교적 완벽하게 보존하고 있을 뿐 아니라 지역의 문화와 관광발전에도 기여하고 있다. 이는 거울 삼을만한 유의미한 시도이다.

# 28

## 심양瀋陽 주조공장

## 1. 개요

20세기 중반 이후 중국 동북부 지방은 중국에서 공장 밀집도가 가장 높은 공업지대로 변모했다. 심양은 중국 동북공업지대의 주요 도시로서 공장과 기업들이 도시의 철서구鐵西區에 주로 밀집해 있다. 철서는 9·18사변이 끝난 후 공업지대로 지정되었는데, 중화인민공화국 건국 이후 국가의 강력한 지원에 힘입어 중공업 기지로 발전했다. 2002년 이전까지, 면적이 40km²가 채 안되는 철서구에 기계, 야금, 화학, 제약, 건축자재, 섬유 및 기타 산업분야의 크고 작은 국유기업들이 밀집해 있었다. 2-30만 명에 달하는 산업노동자들이 수없이 많은 '신중국 최초'의 역사를 썼고, 철서는 '동양의 루르(독일의 대표적인 공업지대_역자주)'로 불렸다. 오늘날, 철서구에는 심양주조공장의 일부 작업장과 생산 라인, 기계 설비만이 비교적 온전히 보존되어 있다.

심양주조공장의 전신은 1930년대 일본인들이 세운 몇몇 철공소였다. 1948년 인민해방군이 심양을 점령한 후, 공장들을 통합하는 과정에서 몇 차례 명칭이 변경되었다. 1956년에 심양공기펌프공장과 심양펌프공장의 주조 작업장을 통합하고 심양주조공장으로 명칭을 변경하면서 중국 최초의 전문 주조공장으로 변신했다. 확장과 기술변혁을 거쳐 심양주조공장은 아시아 최대 규모의 전문 주조공장으로 성장했다. 섬서성과 감숙성 개발지원사업 '3선 건설 프로젝트(1964년에 논의가 시작되어 1964년부터 추진된 중국의 대규모 건설 프로젝트_역자주)', 알바니아, 베트남 등 국가의 주조공장 건설에도 참여하며 경제건설과 국방건설에 크게 기여했다.

1980년대에 심양주조공장은 44만m²가 넘는 부지에 3개 공장구역을 건설했고, 직원 수가 약 6,000명에 달했다. 주로 회색주철, 연성주철, 드랄루미합금 등을 생산했다. 제품의 최대 단위당 중량이 거의 100톤에 달했고 가장 작은 제품은 불과 몇 킬로그램도 있었다. 연간 생산능력이 최대 38,000톤 이상으로 광업, 석유화학, 일반산업, 공작기계, 자동차, 조선, 철도 및 방산 분야에서 총 130만 톤 이상의 주물을 생산했다. 그 중 국가핵심사업과 주요 프로젝트에 30만 점이 넘는 주물을 제공하며, 외국과의 기술격차를 메웠다. 일부 제품들은 미국, 일본, 한국으로도 수출되었다.

심양주조공장은 계획경제시대 동북지역 제조업의 눈부신 발전을 목도했으며 경제변혁의 고통도 겪었다. 2002년, 철서구와 심양경제기술개발구가 공동으로 '동반서건東搬西建(공장들을 동쪽으로 이전하고 서쪽지역을 개발한다는 의미_역자주)' 계획을 추진함에 따라 250개 이상의 공장들이 철서구를 떠났다. 2007년에는 심양주조공장과 그외 4개의 대형 열처리공장이 이전했고, 심양경제기술개발구에 심양주단조공업유한공사가 설립되었다. 2007년 4월 17일, 큐폴라가 쇳물을 녹여 마지막 주물을 토해내면서 심양주조공장은 철서구에서의 생산활동을 종료하고 심양경제기술개발구 주단조 산업단지로 이전했다.

## 2. 현황

철서구가 2004년부터 산업유산에 대한 조사와 보존사업을 시작했

<사진 28-1> 주조공장의 주조작업장
자료출처: 공업정보화부 산업문화발전센터 공식 위챗 <산업문화유산>

는데, 2006년에 심양주조공장을 구區의 산업문화재로 지정하기로 결정했다. 2007년부터 주조공장의 작업장(제1차 작업장)을 주조박물관으로 리모델링하고 산업관광을 활성하기 위한 노력을 기울였다[1]. 박물관 건립은 40,000m²의 부지에 주조관, 철서관, 자동차관 등 주요 건축물(17,800㎡)들로 이뤄졌다. 주조관과 철서관의 면적은 각각 8,640m², 2,000m²이다.

주조관은 기본적으로 주조 작업장의 원래 모습을 보존했으며(사진

---

[1] 範曉君, 雙重屬性視角下的工業地遺産化研究[M], 瀋陽, 遼寧人民出版社, 2017, pp.99-102.

〈사진 28-2〉
모래를 굽는 시스템
자료출처: 공업정보화부
산업문화발전센터 공식 위챗
〈산업문화유산〉

〈사진 28-3〉
침수조
사진: 장보춘張柏春

〈사진 28-4〉
샌드 벨트
자료출처: 공업정보화부
산업문화발전센터 공식 위챗
〈산업문화유산〉

<사진 28-5> 10t 큐폴라
자료출처: 공업정보화부 산업문화발전센터 공식 위챗
〈산업문화유산〉

<사진 28-6> 건조가마
사진: 장보춘張柏春

<사진 28-7> 11m 높이 더블 빔
사진: 장보춘張柏春

<사진 28-8> 중국공업박물관(위)
<사진 28-9> 중국공업박물관 정문(왼쪽)
사진: 장보춘張柏春

28-1), 건물의 너비와 높이가 각각 24m, 30m이다. 주조관에는 모래굽기(사진 28-2), 혼합, 탈사, 배사排砂, 블라스팅 등 시스템과 주조 라인, 그리고 침사조(사진 28-3), 원료창고, 컨베이어 버킷, 샌드 벨트(사진 28-4), 샌드 밀, 시험용 모래혼합기, 거푸집, 먼지 추출기, 30t 탈사기 받침대, 10t과 5t 큐폴라(사진 28-5), 5t 중주파 유도로, 레이들, 콜드 슬래그 웰, 건조가마(사진 28-6), 타워 크레인, 원심팬, 노 전면 팬, 컴프레서 등 설비와 시설들이 전시되어 있다[2]. 이 중에서, 10t 큐폴라는 무게가 약

- 
2   工業和信息化部工業文化發展中心官方微信號"工業文化遺産"所載文章：第二批國家工業遺産·瀋陽鑄造廠, 2019년 3월 8일(웹주소：https://mp.weixin.qq.eom/s/rwRnHLjE2YBf9PaB5lTNmQ?)

<사진 28-10> 산업박물관의 철서관
사진: 장보춘張柏春

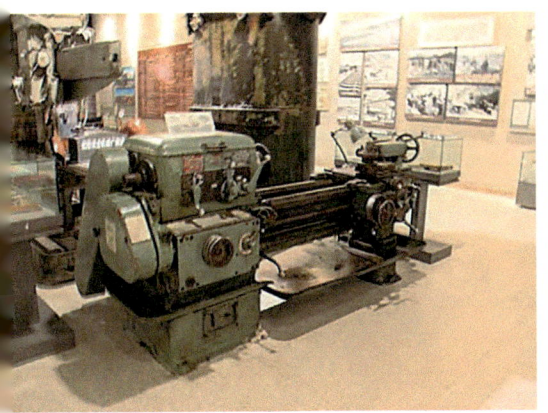

<사진 28-11> 1960년대에 발행된 2위안 지폐에 인쇄된 선반의 실물
사진: 장보춘張柏春

<사진 28-12> 심양제일공작기계공장이 생산한 수치제어선반
사진: 장보춘張柏春

300t, 높이가 27m에 달하며, 시간당 10t의 쇳물을 제련할 수 있었다. 또한 주조관에는 무게 115t, 11m 높이의 더블 빔(사진 28-7), 직경 2.2m 의 덕타일 주철관 등 다른 제조업체에서 기증한 제품이나 장비도 소장

되어 있다.

주조박물관은 준공 후에도 리모델링과 확장을 거쳐 2012년 5월 18일에 '중국산업박물관'으로 정식 개관했는데(사진 28-8, 28-9), 최종 승인된 명칭은 '심양산업박물관'이다. 박물관이 문화재를 공모하는 과정에서 중국주조협회와 관련 기업들로부터 아낌없는 도움을 받았다. 철서관에는 심양의 여러 기업들이 생산한 공작기계 등 제품들이 전시되어 있다. 예를 들어, 1962년에 발행된 2위안 짜리 지폐에 인쇄된 선반(사진 28-11), 심양 제일공작기계공장이 개조 생산한 수치제언선반(그림 28-12), 심양중첩우의공장의 레이디얼 드릴링머신, 심양버스제조공장에서 생산한 무궤도전차, 심양트랙터공장에서 생산된 트랙터 등에는 철서가 이루어낸 많은 '중국 산업의 최초들'이 담겨 있다.

철서구의 랜드마크이자 심양시의 문화관광자원인 심양산업박물관은 2016년에 4A급 관광명소로 평가받았으며, 2009년 중국공산당 중앙위원회 선전부로부터 국가애국교육시범기지로 지정되었다. 심양주조공장(심양산업박물관 주조관)은 2018년에 공업정보화부의 제2차 국가산업유산목록에 올랐으며, 2019년에는 중국과학기술협회의 중국산업유산 보존목록에 등재되었다.


## 3. 기술사적 가치

심양시 철서구에 있었던 기업들은 중국의 산업사에서 매우 중요한 위치를 차지한다. 이곳의 산업유산은 국가의 산업유산 퍼즐에서 결코

빠질 수 없는 부분이다. 심양주조공장은 철서구에서 유일하게 공장 건물, 생산 라인, 기계장비들이 보존되어 있는 오래된 공장이다.

심양주조공장은 심양은 물론 중국 주조산업의 축소판으로, 80년에 걸친 중국 주조산업의 발전사를 대변한다. 심양산업박물관은 주조공장과 대형 생산장비 등 유물들을 기반으로 전시콘텐츠를 풍성히 갖추며 여러 세대의 추억과 정서를 간직하고 있다. 이곳에서 20세기 후반 심양의 주조산업 규모, 기술수준과 창의성, 동북지역은 물론 국가의 전체 산업이 걸어온 빛나는 발자취, 산업일꾼들의 장인정신과 기업가 정신, 그리고 기술, 역사, 문화의 중요한 가치를 이해할 수 있다.

10여 년 전부터 철서구는 선견지명을 가지고 주조공장의 산업유산을 보존했다. 그들의 노력으로 세워진 산업박물관이 지방정부와 국가 관련부처의 지원 하에 지속적으로 발전할 수 있기를 바란다.

### 지은이

#### 장바이춘 張柏春

중국과학원 자연과학사 연구소 연구원, 제13기 전국정협위원, 중국과학원 과학기술 전문고문단 특별 초빙연구원, 국제과학사 연구원 원사.
주요 연구분야는 과학사 및 과학발전전략.
영문 학술지『Chinese Annals of History of Science and Technology』편집장.
저서로『전파와 통신』,『소련기술의 중국 이전』,『전통기계조사연구』그리고『명청시대 측천기기의 유럽화』등 다수의 전문서가 있음.
『중국대백과전서』(제3판) 과학기술사편 책임편집.

#### 팡이빙 方一兵

중국과학원 자연과학사 연구소 연구원, 박사과정 지도교수.
연구방향은 근현대 과학기술사, 산업유산 등.
중국과학기술사학회 산업유산 전문위원회 사무국장, 국제기계과학연맹(IFToMM) 기계사 전문위원회 부위원장.

### 옮긴이

#### 장건위 張建偉

한국 국립목포대학교國立木浦大學 기계공학 박사.
현재 루동대학교魯東大學 울산조선해양대학蔚山船舶海洋學院에 재직 중이며, 주로 기계공구 부품의 설계 연구를 수행하고 있다. 한국 두산공작기계斗山機床에서 기술부 주임으로 근무한 경력이 있으며, 중국과학원中國科學院 산동 종합기술 전환센터山東綜合技術轉化中心 연태 센터煙台中心에서 기술과 조교수로 활동하였다. 또한 연태시煙台市 과학기술국科技局 계획과에서 근무한 경험이 있다.
주요 업적으로는 연태시 과학기술 발전 계획煙臺市科技發展計劃 프로젝트 1건 주관하여 완료하였으며, 산동성山東省 중대重大 프로젝트 1건에 참여하였고, 발명 특허發明專利 1건과 실용신형 특허實用新型專利 7건을 보유하고 있다.

#### 한정은 韓正恩

한국외국어대학교 통번역대학원 통번역학 박사, 한국외국어대학교 통번역대학원 한중과 강사.
주요역서로『실크로드 문명15강』2019년 한국번역원 선정 번역사. 중국 고전문학 4대 명저『수호전』,『서유기』,『삼국지』,『홍루몽』만화판,『중국민생70년』등.
2020 후난교육출판사 실크로드 도서 프로젝트 30여 편 역자.

編委會

主編 張柏春 方一兵

編委(按姓氏筆畫排列)

王立新 王佩瓊 韋拉 韋丹芳 亢賓 方一兵 史曉雷 白璐 馮書靜 馮立昇 邢妤
朱霞 劉德鵬 閆覓 江畔 孫正坤 蘇軒 李成智 李明洋 李曉岑 楊小明 張立波
張志會 張茂林 張柏春 張雪飛 陳樸 陳培陽 邵龍 青木信夫 周嵐 周文麗
段海龍 姜振寰 徐蘇斌 黃興 樸波 潛偉

중국학총서
16

# 중국의 산업유산 보존 사례
### 기술사의 관점에서 본 산업유산

초판 1쇄 발행 2024년 9월 30일

지은이 장바이춘張柏春·팡이빙方一兵
옮긴이 장건위張建偉·한정은韓正恩
펴낸이 홍종화

주간 조승연
편집·디자인 오경희·조정화·오성현
　　　　　 신나래·박선주·정성희
관리 박정대

펴낸곳 민속원
창업 홍기원
출판등록 제1990-000045호
주소 서울시 마포구 토정로 25길 41(대흥동 337-25)
전화 02) 804-3320, 805-3320, 806-3320(代)
팩스 02) 802-3346
이메일 minsokwon@naver.com
홈페이지 www.minsokwon.com

ISBN 978-89-285-2031-2 94820
SET 978-89-285-1595-0

ⓒ 장건위·한정은, 2024
ⓒ 민속원, 2024, Printed in Seoul, Korea

이 책은 저작권법에 따라 보호를 받는 저작물이므로 무단전재와 복제를 금지하며,
이 책의 전부 또는 일부를 이용하려면 반드시 저작권자와 출판사의 서면동의를 받아야 합니다.